北京大学出版社
PEKING UNIVERSITY PRESS

《今日世界面面观　汉语焦点新闻选读》原著

포커스
FOCUS
중국어
독 해

2

시사중국어사

포커스 중국어 독해 ❷

초판인쇄	2020년 2월 10일
초판발행	2020년 2월 20일

편저	王穎, 王志军, 徐丽莎
편역	김영민, 전기정, 박원기
책임 편집	가석빈, 최미진, 高霞, 박소영, 하다능
펴낸이	엄태상
디자인	박경미, 진지화
조판	이서영
콘텐츠 제작	김선웅, 전진우
마케팅	이승욱, 오원택, 전한나, 왕성석
온라인 마케팅	김마선, 김제이, 조인선
경영기획	마정인, 조성근, 최성훈, 정다운, 김다미, 전태준, 오희연
물류	유종선, 정종진, 윤덕현, 양희은, 신승진

펴낸곳	시사중국어사(시사북스)
주소	서울시 종로구 자하문로 300 시사빌딩
주문 및 교재 문의	1588-1582
팩스	(02)3671-0500
홈페이지	http://www.sisabooks.com
이메일	book_chinese@sisadream.com
등록일자	1988년 2월 13일
등록번호	제1 - 657호

ISBN 979-11-5720-155-6 (14720)
      979-11-5720-153-2 (set)

　　최근에는 제2외국어로 중국어를 선택하는 학교가 많아지면서 중·고교 때부터 중국어를 접할 기회가 많아지고, 인터넷을 통해 여러 가지 다양한 중국어 콘텐츠를 언제 어디서나 쉽게 접근할 수 있게 되면서 과거보다 중급 수준 이상의 중국어 구사 능력을 갖춘 사람들이 훨씬 더 많아졌다. 이들은 이미 어휘나 문법, 표현 등 각종 방면에서 중국어로 자기 생각을 충분히 표현할 수 있고, 중국인과 의사소통을 하는 데 큰 장애가 없는 수준에 이르렀기 때문에 다음 단계로 '보다 세련되고 보다 유창하며 보다 정확한 중국어'를 구사하고 싶어 한다. 중급 이상의 학습자들은 좀 더 유창한 중국어를 구사하기 위해 고급 회화 교재를 선택하지만 회화 교재만으로는 어휘력이나 표현력을 향상시키는 데 한계가 있고 혼자서는 회화 연습을 할 수 없기 때문에 교재만으로도 충분히 독학할 수 있는 독해 교재를 선택하게 된다. 특히, 독해 교재의 경우 이미 학습자들이 초·중급 단계를 거치면서 어휘나 표현에 대해서는 어느 정도 활용 능력을 갖춘 상태이므로 단순히 언어 능력에만 치중하기보다는 시사성을 갖춘 다차원적인 내용과 체계를 갖출 필요가 있다. 그런데 시사 독해 교재의 경우, 다른 교재들과는 다른 문제점을 안고 있는데, 그것은 바로 주제의 시의성이다. 시사라고 하는 말 자체가 지금 당장 유행하고 있는 각종의 주제를 바탕으로 하고 있기 때문에 사실 몇 년이 지나게 되면 오히려 독자들의 눈살을 찌푸리게 할 정도로 시의성이 떨어지는 어색한 교재가 되고 만다. 그러므로 시사 독해 교재가 갖고 있는 이러한 한계를 극복하면서도 독자들에게 새로움을 줄 수 있고 아울러 어휘, 표현, 문법 등 전 방위적으로 필요한 정보를 제공할 수 있는 그러한 독해 교재가 필요하다.

　　그러나 중급 수준 이상의 중국어를 구사할 수 있는 학습자의 수는 폭증했음에도 불구하고 실제 우리나라에서 출판된 고급 수준의 중국어 독해 교재는 초·중급에 비해 현저히 적다는 것이 부인할 수 없는 현실이다. 출판사의 입장에서는 고급 단계의 교재가 판매 부수 면에서 초·중급 교재보다 현저히 적고 시의성으로 인해 금방 유행에 뒤처진 책이 되기 때문에 시장성이 없다는 판단에서 출판을 꺼리고, 책을 저술하는 저자의 입장에서는 초·중급에 비해 더 많은 시간과 노력이 필요하고, 저술상의 난이도도 훨씬 더 높기 때문에 굳이 힘들여 고급 단계의 독해 교재를 집필할 이유가 없다. 하지만 이제는 더 이상 시장성을 이유로 혹은 시의성을 이유로 고급 독해 교재의 출판을 미룰 수 없다. 독자들의 눈높이와 요구를 만족시킬 수 있는 다양한 주제와 콘텐츠를 가진 고급 단계의 중국어 교재가 절실하기 때문이다.

《포커스 중국어 독해》 시리즈는 바로 이러한 시점에서 기존의 독해 교재가 가진 한계점을 극복하고 진정한 고급 독해의 기능을 할 수 있도록 제작된 독해 시리즈이다. 먼저, 본서는 중급에서 고급까지의 학습자들을 대상으로 하고 있다. I권은 중급의 上 정도 수준에서 고급의 下 정도 수준의 학습자를 대상으로 하고, II권은 고급의 中ㆍ上 정도 수준의 학습자를 대상으로 하고 있다. 본 독해 시리즈는 아래와 같은 특징을 가지고 있다.

첫째, 각 장의 주제는 기본적으로 시사성이 강한 것들로 구성되어 있다. 주로 신문이나 잡지, 인터넷 등에서 회자되는 주제를 중심으로 구성하였고, 현대 중국인 및 세계 여러 나라 사람들이 함께 공감할 수 있는 비교적 따끈따끈한 주제를 선정하였다. 그러나 앞에서도 언급했듯이 지나치게 유행을 타서 오히려 언어 습득에 방해가 될 수 있는 주제들은 배제하고 지속적으로 보편성을 가질 수 있는 주제를 중심으로 구성하였다. 예를 들어, 최근 중국의 80년대 생이나 90년대 생들의 연애관이라든가, 스마트폰 과잉 사용 문제, 대도시의 환경오염 문제, 총기 사용 문제 등은 실제로 최근 한창 떠오르는 주요 이슈이기도 하지만, 우리가 살아가는 사회의 근원적이면서도 심각한 문제이기 때문에 앞으로 오랜 기간 동안 지속적으로 이슈가 될 수 있는 문제들이다. 이렇게 본 시리즈에서는 현재 중국과 전 세계의 주요 이슈이면서도 꾸준히 토론해 볼 수 있는 주제를 선정하여 지속적으로 사용할 수 있고 활용 가능성이 높은 어휘와 표현을 제시하고 있다.

둘째, 본서는 시사성 독해를 제공하면서도 각 과의 구성은 매우 체계적인 언어 학습 과정을 따르고 있다. 특히 '표현해설' 부분에서는 형태소에서부터 성어, 숙어 및 문형에 이르기까지 고급 중국어를 익히고 연습하는 데 필요한 주요 학습 콘텐츠를 단계적으로 제공하고 있다. 이러한 단계적 제시는 여타 시사 독해 교재에서는 거의 찾아보기 힘들 정도로 매우 전문적이면서도 체계적이다. 형태소 부분에서는 단어를 보다 체계적으로 익힐 수 있는 단어 구성 원리를 제시하여 좀 더 수월하게 단어를 학습할 수 있게 하였고, 각종 성어가 포함된 다양한 예문을 제시함으로써 고급 독해의 하이라이트라고 할 수 있는 성어를 시사적인 주제와 더불어 자연스럽게 익히고 활용할 수 있게 하였다. 한편, '어구와 문형'에서는 고급 수준의 각종 허사뿐 아니라 응용성이 높은 구문을 제시하여 학습자가 이를 활용해 표현하고 싶은 구문을 자유롭게 구사할 수 있게 하였다. 이렇게 단계별로 고급 어휘와 표현, 구문을 습득하게 하여 시사성을 띤 주제와 관련된 표현을 자연스럽게 습득하고 활용할 수 있도록 하였다.

셋째, 본 책과 더불어 제공하고 있는 워크북을 통해 학습자들은 각 과에서 다루었던 내용을 다시 한 번 더 점검할 수 있다. 즉, 단어의 의미 쓰기, 용법이 다른 유의어 구분, 성어 해석, 문장 완성, 문장성분 분석 등과 관련된 연습문제를 풀어봄으로써 각 과의 어휘와 문법 사항을 재확인하고, 각 과의 주요 문장을 한국어로 번역하고 각 과에서 학습한 문형 표현을 사용하여 제시된 주제에 맞게 작문하는 연습문제를 통해 독해와 작문 실력을 향상시킬 수 있다.

고급 시사 독해 교재는 자료가 사실적이어야 하고, 시사성이 강해야 하며, 실용성을 갖추고 있어 현실 생활과 밀접해야 할 뿐 아니라 실제 사용하기에도 편리해야 한다. 본서는 기존의 시사 독해 교재가 갖고 있던 근본적인 한계를 극복함으로써 독자들이 믿고 의지할 수 있는 새로운 차원의 고급 중국어 독해 교재가 될 것으로 기대한다.

역자 일동은 본 시리즈가 학습자 여러분의 진일보한 중국어 실력 향상에 조금이나마 보탬이 될 수 있기를 희망하면서, 우수한 교재를 번역 출판할 수 있게 해주신 시사중국어사 관계자 여러분께 깊은 감사의 말씀을 전한다.

2020년 2월
역자 일동

본책

Main Text

主课文 [Main Text]

화제성과 시사성을 갖춘 글로벌 주제를 다뤘으며, 다양한 관점에서의 학습과 사고력 확장을 돕는 글로 엄선하였습니다.

讨论题 [이야기해 봅시다]

본문을 읽고 주제에 대한 각자의 의견과 경험을 다른 사람과 함께 나눌 수 있도록 토론 거리를 제시하였습니다.

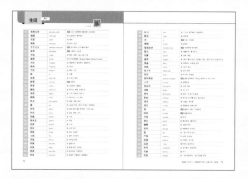

生词 [단어]

메인 텍스트의 내용을 더욱 정확히 이해할 수 있도록 주요 어휘의 뜻을 제시하고, 고유명사를 분리하여 제시하였습니다.

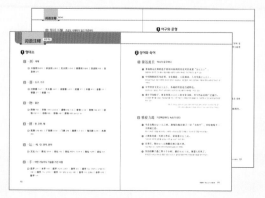

词语注释 [표현 해설]

가장 작은 단위의 **형태소**부터 **성어와 숙어**, 그리고 **어구와 문형**으로 확장하여 주요 표현들을 다양한 예문과 함께 다루었습니다.

副课文  Plus Text

주제와 관련된 읽기 지문을 제공하여 지식과
상식의 범위를 넓힐 수 있도록 하였습니다.

主课文 이야기해 봅시다
& 生词 단어

플러스 텍스트를 정확하고 깊이 있게 이해
할 수 있도록 토론 거리와 단어를 제시하였
습니다.

 메인 텍스트와 단어, 플러스 텍스트와
단어는 각 해당 페이지에 있는 QR코
드를 통해 원어민 음성으로 들을 수
있습니다.

 본서의 관련 자료를 제공하는 웹사이트
(https://commons.mtholyoke.edu/video)
에서 본문의 내용과 관련된 유튜브 영상
을 검색하여 시청할 수 있습니다.

어휘 활용, 문장분석, 번역과 작문으
로 구성한 문제 형식의 워크북을 수
록하여 본문의 표현 해설에서 다룬
내용을 바탕으로 한 주요 표현들을
명확히 이해하고 활용할 수 있도록
하였습니다.

经济改革如何与危机赛跑

경제 개혁은 경제 위기와 어떻게 경주할 것인가

经济改革如何与危机赛跑

2008年爆发的经济危机是自上个世纪三十年代经济大萧条以来最严重的一次，对全球经济产生了巨大的影响，被人们称为"金融海啸"。中国政府在危机爆发后实施了一系列经济政策，成功应对了这场危机，并为世界经济的恢复和发展作出了贡献。数据表明，中国不仅遏制了经济的下滑趋势，而且在2009年上半年让国内生产总值增速达到7.1%。但同时，数据也显示中国经济发展还存在不稳定和不平衡的态势。在经济危机的威胁下，如何保持经济的稳定和可持续发展，是当今中国所面临的一个重大挑战。

中国经济在改革开放以后高速发展，甚至被外媒称为"中国模式"。这种经济模式以市场为经济活动主体，国家对市场进行监督，扮演"领导"的角色，确定任务和目标，并引导经济向着实现这些目标的方向前进。其最重要的特点是对外贸易和投资开放，以及融入国际经济的开放模式。另外，中国面对各种形势的灵活性与适应能力，也是中国经济成功的关键之一。但是，当前中国经济发展中的三个重要因素，出口、投资和消费都遇到了一些问题。出口遇到的问题一方面是由人民币升值造成的成本优势下降。现在中国不少出口企业都纷纷到越南等地去开工厂了，其目的就是要降低成本。另一方面就是国际贸易不平衡，大量出口引起其他国家的贸易保护主义抬头和贸易壁垒设置。投资遇到的问题主要是中国的钢铁、水泥、煤炭等行业的产能过剩。研究显示，31个行业中的28个都产能过剩。所以想单纯依靠投资拉动经济发展是比较困难的。在中国，消费只占国民生产总值的三分之一。老百姓看病、上学等大额消费支出都需要由自己支付，所以老百姓就得攒着钱。这是消费力低的根本原因。

　　面对这些问题，应该采取哪些改革措施呢？首先，政府应该调整经济结构，扩大内需，而不是将出口作为提高国民生产总值的主要经济方式。同时为人们提供教育和医疗保障，以提高消费力。其次，允许民营企业进入各种行业，并提高其法律地位，来提升其市场竞争力。与此同时，在城镇化的进程中为农民提供更多的保障。再次，政府应该保障一个公开、透明的市场，为经济发展提供一个良好的环境。除此之外，还有一个重要的举措就是要发展"绿色经济"。在探求经济复苏之路上，"绿色经济"、"低碳经济"已经成为很多国家的关键词。美国将致力于把新能源、低碳经济作为未来经济的增长点。欧盟也把推动科技创新作为提升竞争力的关键。日本则提出了"引领世界二氧化碳低排放革命"的口号。日本政府高达56.8万亿日元的经济刺激计划中，有6万亿日元用于绿色能源产业的发展。由此看来，发展"绿色经济"既是着眼于未来的考虑，也是中国经济在未来保持稳步发展的一个重要改革措施。

　　纵观历史，每次大的经济危机都曾重创世界经济，同时又催生新的发展机遇。所以，只有把握机遇并实行有效的经济改革才能在与危机的赛跑中取胜。

이야기해 봅시다

📑 본문의 내용에 근거하여 다음 문제에 대해 이야기해 보세요.

1. 2008年爆发的世界经济危机对中国的经济发展有什么样的影响？

2. 在改革开放以后，中国的经济发展被外媒称为"中国模式"。这种模式有什么特点？

3. 中国经济发展中的三个重要因素是什么？目前这三个方面遇到了哪些问题？

4. 在作者看来，面临经济发展中的问题，中国政府应该采取哪些改革措施？

5. 你认为未来经济的增长点是什么？美国、欧盟和日本在这个方面是怎么做的？

6. 作者认为应该怎么做才能在与经济危机的赛跑中取胜？

生词

🎧 1-2

1	赛跑	sàipǎo	동 경주하다
2	爆发	bàofā	동 폭발하다
3	萧条	xiāotiáo	형 불경기의, 스산한
4	全球	quánqiú	명 전 세계, 전 지구
5	海啸	hǎixiào	명 해일, 쓰나미
6	系列	xìliè	명 시리즈
7	作出	zuòchū	동 만들어내다, 해내다
8	遏制	èzhì	동 억제하다, 제지하다
9	下滑	xiàhuá	동 하락하다
10	趋势	qūshì	명 추세, 경향
11	上半年	shàngbànnián	명 한 해의 상반기
12	总值	zǒngzhí	명 총액
13	增速	zēngsù	명 가속
14	平衡	pínghéng	동 균형 맞추다 명 평형
15	态势	tàishì	명 태세, 형세
16	可持续	kěchíxù	형 지속 가능한
17	高速	gāosù	수식 고속의
18	媒	méi	어근 미디어
19	模式	móshì	명 스타일, 양식, 패턴
20	主体	zhǔtǐ	명 주체, 주요 부분
21	对外	duìwài	형 대외의
22	融入	róngrù	동 녹아들다
23	升值	shēngzhí	동 평가절상하다
24	优势	yōushì	명 우세, 우위
25	贸易保护主义	màoyì bǎohù zhǔyì	보호 무역주의
26	抬头	tái//tóu	동 대두하다, 좋아지다
27	贸易壁垒	màoyì bìlěi	무역 장벽
28	设置	shèzhì	동 설치하다 명 설치
29	钢铁	gāngtiě	명 강철
30	产能	chǎnnéng	명 생산능력
31	过剩	guòshèng	동 과잉되다
32	单纯	dānchún	형 단순한
33	拉动	lādòng	동 적극적으로 이끌다, 성장시키다

34	国民	guómín	명 국민
35	支出	zhīchū	동 지출하다 명 지출
36	攒	zǎn	동 모으다
37	内需	nèixū	명 내수
38	医疗	yīliáo	동 치료하다
39	民营	mínyíng	수식 민영의
40	提升	tíshēng	동 진급시키다, 등용하다
41	城镇	chéngzhèn	명 도시와 마을
42	进程	jìnchéng	명 경과
43	透明	tòumíng	형 투명한
44	举措	jǔcuò	명 행동거지, 조치
45	探求	tànqiú	동 탐구하다
46	复苏	fùsū	동 재생하다, 회복하다
47	致力	zhìlì	동 있는 힘을 다하다, 애쓰다
48	引领	yǐnlǐng	동 인도하다
49	二氧化碳	èryǎnghuàtàn	명 이산화탄소
50	经济刺激计划	jīngjì cìjī jìhuà	경기 부양책
51	着眼	zhuóyǎn	동 착안하다, 고려하다
52	稳步	wěnbù	부 점차적으로
53	纵观	zòngguān	동 전체적으로 보다
54	重创	zhòngchuāng	동 심한 타격을 입히다, 중상을 입히다
55	催生	cuīshēng	동 촉진시키다
56	机遇	jīyù	명 좋은 기회, 찬스
57	把握	bǎwò	동 포착하다, 장악하다 명 자신, 가망
58	取胜	qǔshèng	동 승리하다, 이기다

고유명사

1	越南	Yuènán	지명 베트남
2	欧盟	Ōuméng	유럽연합(E.U.) ['欧洲联盟'의 준말]

① 형태소

1 下─ : 내려가다

> 예 **下滑** 하락하다 | **下跌** 하락하다 | **下落** 하락하다 | **下沉** 가라앉다

2 ─势/势─ : 세력, 태세

1. 세력
> 예 **权势** 권세 | **优势** 우세 | **劣势** 열세 | **趋炎附势** 권력자에게 아부하다

2. 태세
> 예 **形势** 형세 | **趋势** 추세 | **走势** 추세 | **势头** 형세

3 外─ : 바깥의, 외국

> 예 **外媒** 외국 매체 | **外企** 외자 기업 | **外国** 외국 | **外宾** 외빈 | **外人** 외부인 | **外地** 외지 |
> **外星** 외계 | **外商** 외국 상인 | **外套** 외투

4 ─点 : 지점, 가게, 방면

1. 일정한 장소 또는 정도의 지점
> 예 **据点** 거점 | **沸点** 끓는점 | **增长点** 성장 포인트 | **聚会点** 모임 장소 | **报考点** 응모처

2. 가게
> 예 **销售点** 판매점 | **批发点** 도매점 | **零售点** 소매점 | **代售点** 대리점 | **营业网点** 영업망

3. 방면
> 예 **重点** 중점 | **特点** 특징 | **热点** 사람들의 주목을 끄는 것, 이슈

5 ─机/机─ : 기회

> 예 **危机** 위기 | **良机** 호기 | **时机** 시기 | **机遇** 좋은 기회 | **机会** 기회 | **机缘** 기회와 인연

❷ 어구와 문형

1 自(从)……以来 ┃전치사구┃ ~이래로

과거 어느 때부터 현재까지 지속됨을 나타내거나 특정 시기를 가리킨다. 주로 '自(从)＋시간/사건＋以来'의 형식으로 쓴다.

❶ 2008年爆发的经济危机是自上个世纪三十年代经济大萧条以来最严重的一次，对全球经济产生了巨大的影响，被人们称为"金融海啸"。
  2008년 발생한 경제 위기는 1930년대 경제 대공황이래 가장 심각한 상황으로, 전 세계 경제에 지대한 영향을 끼쳤다. 그래서 사람들은 이것을 '금융 쓰나미'라고 부른다.

❷ 自2013年以来，中国政府开始调整生育政策。
  2013년 이후, 중국 정부는 출산 정책을 조정하기 시작했다.

❸ 自大学毕业以来，她一直在一家国际银行工作。
  대학을 졸업한 이래로, 그녀는 줄곧 한 외국계 은행에서 일해 왔다.

2 不仅……而且…… ┃관용구┃ ~뿐 아니라 게다가 ~도

두 개의 절이나 형용사 등을 연결하며, 점층적 관계를 나타낸다. 주로 문어에 사용하며, '不但……而且……'와 쓰임새가 같다.

❶ 数据表明，中国不仅遏制了经济的下滑趋势，而且在2009年上半年让国内生产总值增速达到7.1%。
  통계에 따르면, 중국은 경제의 하락 추세를 억제했을 뿐 아니라, 2009년 상반기 국내생산총액이 7.1%에 이르도록 속도를 높였다.

❷ 央企存在着薪酬结构不合理、监管体制不够健全等问题。如果这些问题不能得到解决，不仅会影响企业的改革发展，而且会影响社会的公平正义。
  중앙기업은 급여 구조가 불합리하고 감시 관리 체제의 건전성이 부족하다는 문제 등이 있다. 만약 이러한 문제들이 해결되지 못한다면, 기업의 개혁 발전에 영향을 줄 뿐 아니라 사회의 공평 정의 문제에도 영향을 줄 수 있다.

❸ 据报道，观看伦敦2014跨年烟火的人数达到了50万人，这不仅令人不安，而且存在着潜在危险。
  보도에 따르면, 런던의 2014년 새해맞이 불꽃놀이를 관람한 인원수가 50만 명에 이르며, 이는 사람들을 불안하게 할 뿐 아니라 잠재적인 위험까지 내포하고 있다.

  *央企 yāngqǐ 중앙기업 [정부가 관리하는 국유의 개인 투자 기업 또는 국가 주식 투자 기업]

3 所 조사 ~인 것, ~하는 바

문어에 사용한다. 타동사 앞에 쓰여 '所＋동사'의 형식으로 명사구를 구성한다.

❶ 在经济危机的威胁下，如何保持经济的稳定和可持续发展，是当今中国所面临的一个重大挑战。
경제 위기의 위협 속에서 어떻게 경제의 안정성과 지속 가능한 발전을 유지시키는가가 바로 현재 중국이 당면한 중대 도전이라 할 수 있다.

❷ Windows系统的平板电脑已经越来越被大家所接受，很多厂商都开始生产Windows平板电脑。
윈도우 시스템의 태블릿이 점차 각광을 받자 많은 제조업자들이 윈도우 태블릿을 생산하기 시작했다.

❸ 我们开会时会讨论你所提出的问题。
우리는 회의할 때, 당신이 제기한 문제를 토론할 것이다.

❹ 环境污染所带来的危害是非常严重的。
환경 오염으로 인한 해로움은 매우 심각하다.

4 以……为…… 관용구 ~을 ~라고 여기다

명사와 명사구를 연결한다. '把……作为……' 또는 '认为……是……'와 같은 의미를 나타낸다.

❶ 这种经济模式以市场为经济活动主体，国家对市场进行监督，扮演"领导"的角色。
이러한 경제 발전 모델은 시장을 경제 활동의 주체로 하고, 국가는 시장을 감독하면서 지도자의 역할을 한다.

❷ 这名男子以无钱看病为由进行诈骗。
이 남자는 진찰 받을 돈이 없다는 이유로 사기를 쳤다.

❸ 她决定结婚后以家庭生活为中心，而事业是第二位的。
그녀는 결혼 이후 가정생활을 우선순위에 두고, 일은 두 번째로 두기로 결정했다.

❹ 在二战中，很多知识分子以笔墨为武器，写文章谴责侵略者的罪行。
2차 세계대전 중, 많은 지식인들은 펜을 무기로 삼아 글을 써서 침략자들의 죄행을 꾸짖었다.

5 并 <u>접속사</u> 그리고, 아울러

주로 병렬된 2음절 동사를 연결하는 데 사용하며, 점층적으로 심화됨을 나타낸다. 절을 연결할 때는 절의 주어가 생략되기도 한다.(❶❷)

❶ 这种经济模式以市场为经济活动主体，国家对市场进行监督，扮演"领导"的角色，确定任务和目标，并引导经济向着实现这些目标的方向前进。

이러한 경제 발전 모델은 시장을 경제 활동의 주체로 하고, 국가는 시장에 대해 감독을 한다. 즉 국가는 '지도자'의 역할을 하여, 임무와 목표를 확정해주고 아울러 경제가 이러한 목표를 실현시킬 수 있는 방향으로 나아가도록 인도한다.

❷ 对于在事故中受伤的学生，学校均已安排专人陪护，并将对学生进行心理辅导。

사고에서 다친 학생들에 대해 학교는 일괄적으로 전담 요원을 배치하고, 아울러 학생에 대한 심리 상담을 실시할 것이다.

❸ 会议讨论并通过了今年的工作计划。

회의에서는 금년의 업무 계획에 대해 토론하고 통과시켰다.

❹ 据新华社报道，一名日本女学者在印度调研期间遭多名男子轮奸并被囚禁近3个星期，2014年年底才逃脱报案。

신화사 보도에 따르면, 한 일본 여성학자가 인도에서 조사 연구를 진행한 기간 동안 여러 명의 남자들로부터 윤간을 당하고 3주 가까이 구금을 당했다가 2014년 연말에 가서야 도망을 나와 경찰에 신고할 수 있었다.

6 由　전치사 ~에 의해서, ~을 통해

주로 문어에 사용한다. 행위자를 이끌어 동사와 결합하거나(❶❷) 방식, 원인, 기원을 나타
내어 동사와 결합하기도 하고(❸❹), 장소명사 앞에서 기점, 기원을 나타내기도 한다.(❺)

❶ 老百姓看病、上学等大额消费支出都需要由自己支付，所以老百姓就得攒
　 着钱。
　 서민들은 진료를 하거나 학교를 다니는 등의 금액이 큰 소비 지출은 모두 본인이 부담해야 하기 때문에 돈을
　 모아야만 한다.

❷ 这个问题由大家讨论解决。
　 이 문제는 모두에 의해 토론되고 해결되었다.

❸ 这次的飞机事故不知是由什么原因造成的。
　 이번 비행기 사고는 어떤 원인에 의해 유발된 것인지 모른다.

❹ 小明对二战的历史特别有兴趣，这科的成绩最好。他的父母由这件事得到
　 启发，决定鼓励他学历史专业。
　 샤오밍은 2차 세계대전의 역사에 대해 특별히 흥미를 갖고 있어서 이 과목의 성적이 가장 좋다. 그의 부모는
　 이 일로 힌트를 얻어 샤오밍에게 역사 전공을 공부하도록 장려하기로 결정하였다.

❺ 这艘货轮由上海起航，目的地是东北大连。
　 이 화물선은 상하이에서 출항하는데, 목적지는 동북지역의 다롄이다.

7 于 (1)(2) 전치사 ~에, ~에게

문어에 사용한다.

예 **致力于** ~에 전력하다 | **用于** ~에 사용되다 | **献身于** ~에 헌신하다 | **从事于** ~에 종사하다 | **着眼于** ~에 착안하다 | **有助于** ~에 도움이 되다 | **有利于** ~에 유리하다 | **不利于** ~에 불리하다 | **习惯于** ~에 익숙해지다 | **有求于** ~에게 부탁하다 | **有愧于** ~에게 부끄럽다

1. 방향, 목표를 나타내며, 주로 '于 + 명사, 동사, 형용사구'의 형식으로 쓴다.

❶ 美国将致力于把新能源、低碳经济作为未来经济的增长点。
미국은 신에너지, 저탄소 경제를 미래 경제의 성장 포인트로 삼는 데 전력을 다하고 있다.

❷ 日本政府高达56.8万亿日元的经济刺激计划中，有6万亿日元用于绿色能源产业的发展。
일본 정부는 56조 8천억 엔에 이르는 경기 부양책 가운데 6조 엔을 친환경 산업 발전에 사용하고 있다.

❸ 他对自己要求不高，习惯于满足。
그는 자신에 대한 요구치가 높지 않아 만족하는 데 익숙하다.

❹ 如果没有发生战争，他会一辈子都从事于科学研究工作。
만약 전쟁이 발발하지 않았다면 그는 한평생 과학 연구에 종사했을 것이다.

2. 대상을 나타내며, '对', '向'과 같고, 명사, 대명사, 동사구와 결합한다.

❶ 发展"绿色经济"既是着眼于未来的考虑，也是中国经济在未来保持稳步发展的一个重要改革措施。
'친환경 경제'의 발전이야말로 미래를 생각한 고민일 뿐 아니라, 중국 경제가 미래에 점진적인 발전을 유지해 나갈 수 있는 중요한 개혁 조치이기도 하다.

❷ 咱们能不能面谈？我不大习惯于写邮件。
우리 얼굴 맞대고 이야기할 수 있을까? 나는 메일 쓰는 데 별로 익숙하지가 않아.

❸ 他有求于我，所以对我毕恭毕敬的。
그는 나에게 부탁하는 바가 있어서 나에게 깍듯이 대했다.

❹ 我们不能满足于现状。
우리는 현 상태에 만족할 수 없다.

* 毕恭毕敬 bìgōng-bìjìng 매우 공손한 태도를 취하다

8 既……也/又…… 관용구 ~뿐 아니라, ~도

앞부분과 뒷부분에 구조가 동일하거나 유사한 어구나 절이 오고, 뒷부분이 좀 더 심화된 내용을 나타낸다. 두 부분의 주어는 동일하다.

❶ 发展"绿色经济"既是着眼于未来的考虑，也是中国经济在未来保持稳步发展的一个重要改革措施。

'친환경 경제'의 발전이야말로 미래를 생각한 고민일 뿐 아니라, 중국 경제가 미래에 점진적인 발전을 유지해 나갈 수 있는 중요한 개혁 조치이기도 하다.

❷ 在尼泊尔东南部冻死的九人中，既有七八十岁的老人，也有四五十岁的中年人，甚至儿童。

네팔의 동남부에서 동사한 아홉 명 중에는 70~80대 노인도 있고, 40~50대 중년도 있으며, 심지어 어린이도 있다.

❸ 让孩子多交朋友，既能培养孩子的人际交往能力，又能培养孩子分享的精神。

아이들이 친구를 많이 사귀게 하면, 아이들의 사교 능력도 키울 수 있고, 나눔의 정신도 키울 수 있다.

❹ 这位老师既严格又耐心，学生们都很喜欢她。

이 선생님은 엄격하면서도 인내심이 많아 학생들이 모두 좋아한다.

沃尔玛在中国

　　沃尔玛1962年成立，是全世界最大的连锁零售公司。它自1996年进入中国以来，就大力开设连锁店。据统计，沃尔玛在中国经营了约400家分店。2012年，它的销售额约达100亿美元。

　　沃尔玛的成功有多方面的因素。其中最重要的就是"天天平价"的销售理念。沃尔玛是怎样实现其"天天平价"承诺的呢？它不是处理积压商品或销售质量差的商品，而是通过不断降低成本来实现的。具体来说，首先，实现采购本地化。在中国，沃尔玛商店销售的95%的商品都是"中国造"，这样，既节约成本，又适应当地顾客的消费习惯。其次，建立现代化的物流配送中心。运用高科技，实现电脑化统一管理，从而大幅提高效率，降低成本。最后，降低营业成本。无论在沃尔玛的办公室里，还是在连锁店里，都没有豪华的装修。为了保持低价位，沃尔玛将损耗降到最低限度。这些策略使得沃尔玛的经营成本大大低于其他同行业竞争者。除此之外，在中国，沃尔玛还积极开展社区服务和慈善公益活动，向各种慈善公益事业捐献了超过7700万元的物品和资金。沃尔玛在中国的经营始终坚持本地采购，提供更多的就业机会，支持当地制造业，促进当地经济的发展。

　　最近，该公司宣布将于2014年至2016年间，在中国开设110家分店。据英国《金融时报》报道，除了开设分店以外，沃尔玛旗下山姆会员店也将其目标瞄准了中国市场。在中国，由于交通堵塞和市区停车难等问题，消费者更倾向于开车去郊区购物。在大城市郊区的山姆会员店就为消费者提供了方便。另外，沃尔玛已计划对其当前的运营模式进行调整，变得更加创新，从而适应消费者市场的快速变化。其中包括：削减成本，以建立起更强大的企业；更加注重提高新鲜食品和各类杂货的质量，建立一流的食品安全方案。到2014年10月份之前，中国所有的沃尔玛超市都可以使用配有质量监控和合格监管的水果与干果配送中心。作为扩张计划的一部分，沃尔玛承诺通过新增门店和配送中心为中国创造1.9万个工作岗位。沃尔玛中国区副总裁雷·布雷西表示："我们希望在中国获得更好的收益。"

본문의 내용에 근거하여 다음 문제에 대해 이야기해 보세요.

1. 沃尔玛是一家什么样的公司？

2. 沃尔玛成功最重要原因是什么？

3. 沃尔玛是怎么做到销售平价商品的？

4. 沃尔玛为中国的慈善公益事业做了什么？

5. 沃尔玛旗下山姆会员店有什么经营计划？

6. 根据沃尔玛未来在中国的计划，并根据网上的相关资料，
   分析一下沃尔玛在中国的前景。

1	连锁	liánsuǒ	형 수식 연쇄적인
2	零售	língshòu	동 소매하다
3	开设	kāishè	동 개설하다, 설립하다
4	平价	píngjià	명 적정 가격
5	承诺	chéngnuò	동 약속하다, 승낙하다 명 약속
6	积压	jīyā	동 쌓이다, 묵혀두다
7	本地	běndì	명 현지, 본지
8	物流	wùliú	명 물류
9	配送	pèisòng	동 배송하다
10	豪华	háohuá	형 호화스러운
11	装修	zhuāngxiū	동 인테리어 공사하다 명 내장 공사
12	价位	jiàwèi	명 가격대
13	损耗	sǔnhào	동 손실하다 명 손실
14	限度	xiàndù	명 한도, 한계
15	策略	cèlüè	명 책략, 전술
16	公益	gōngyì	명 공익
17	捐献	juānxiàn	동 기부하다, 바치다
18	物品	wùpǐn	명 물품, 물건
19	旗下	qíxià	명 휘하, 수하, 부하
20	瞄准	miáozhǔn	동 조준하다, 겨누다
21	堵塞	dǔsè	동 가로막다, 막히다
22	市区	shìqū	명 시가 지역, 시내 지역
23	购物	gòu//wù	동 물건을 사다
24	运营	yùnyíng	동 운영하다
25	削减	xuējiǎn	동 삭감하다
26	杂货	záhuò	명 잡화
27	一流	yīliú	수식 일류의
28	超市	chāoshì	명 마트, 슈퍼마켓
29	配	pèi	동 어근 분배하다, 배치하다
30	监控	jiānkòng	동 감시하고 제어하다
31	合格	hégé	형 합격한, 규격에 맞는
32	监管	jiānguǎn	동 감시 관리하다 명 감시 관리

33	干果	gānguǒ	몡 말린 과일, 건과
34	扩张	kuòzhāng	동 확장하다
35	增	zēng	동 어근 늘다, 증가하다
36	门店	méndiàn	몡 가게, 상점
37	总裁	zǒngcái	몡 총재, 회장, 사장
38	收益	shōuyì	몡 수익, 이익

고유명사

1	沃尔玛	Wò'ěrmǎ	월마트(Walmart)
2	金融时报	Jīnróng Shíbào	파이낸셜 타임스(Financial Times)
3	山姆会员店	Shānmǔ Huìyuán Diàn	샘스클럽(Sam's Club)
4	雷·布雷西	Léi Bùléixī	인명 레이 브레이시(Ray Bracy)

2

浅析中国同性恋现象

중국 동성애 현상에 대한 분석

浅析中国同性恋现象

2008年5月15日上午，美国加利福尼亚州最高法院裁定同性婚姻合法。基于这一裁决，加州成为全美第二个法律认可同性婚姻的州。当地时间6月17日，加州知名华裔女作家谢汉兰与伴侣在旧金山市政厅司法官的主持下举行了结婚仪式。

爱白网❶在第一时间报道了这则消息。爱白网是为同性恋、双性恋及跨性别群体提供资讯的中文网站。不少人在留言里发出了"好羡慕"、"好感动"的感慨。在中国，尽管同性恋依然是一个非主流的禁忌话题，但是中国社会对同性恋的宽容度正在逐步扩大。

同性恋者的压力

据权威估计，中国约有三千万的同性恋。由于主流社会的偏见与歧视，绝大多数的同性恋者不得不隐匿自己的身份，仍然戴着面具生活。他们的压力主要来自以下几个方面：

首先，中国传统伦理道德认为，"男大当婚，女大当嫁"❷、"不孝有三，无后为大"❸。由于同性恋无法生育子女，因而属于"大逆不道"的范畴。这使得很多同性恋者认为目前最大的压力不是来自于社会，而是来自于家庭，因为大多数父母都难以接受这个现实。其次，中国社会强调羞耻感和群体意识，如果同性恋的身份暴露，同性恋者的亲友会为此感到没面子。最后，由于在宣传上常把艾滋病与同性恋相联系，加深了一些缺乏相关知识的人们对同性恋的歧视。

---

❶ **爱白网** 원명은 '爱情白皮书', '爱情白皮书中华同志网'으로, 1999년 중국 샤먼에서 창립된 동성애 관련 정보 사이트이다. 동성애 관련 정보를 제공함과 동시에 동성애자들을 위한 권익 보호 활동을 한다.
❷ **"男大当婚，女大当嫁"** '남자가 성인이 되면 장가를 가고, 여자가 성인이 되면 시집을 가야 한다'라는 뜻이다.
❸ **"不孝有三，无后为大"** 《맹자(孟子)》에 나오는 말로 '불효에는 세 가지가 있는데, 자손이 없는 것이 가장 크다'라는 뜻이다.

异性恋者的宽容

但总的来说，和西方相比，中国从古至今对同性恋都采取了相对宽容的态度。在中国的几千年历史中，从来没有残酷迫害同性恋的记录，从未有人因同性恋被判为死刑，公众舆论对同性恋一向比较温和。中国公众对同性恋的接纳程度比较高，历史和文化方面的原因大致有以下几点：

首先，中国历史上曾有不少对同性恋的记载。春秋战国时社会有崇尚美男之风，还形成了成语典故。如"余桃"❹、"断袖"❺等成为同性恋的代名词。其次，中国人没有普遍信仰的宗教。大部分中国人往往以平常心和直觉来评价人与事，认为同性恋既然不会伤害他人，就与他人无关。第三，这种态度也许同中国人的民族性格有关。中国文化源远流长，中国人对自己的主流文化很有信心，从不担心被非主流文化所影响。人们对于非主流文化往往采取不屑一顾的态度，而不至于残酷迫害它。第四，中国同性恋的法律地位模糊不清。对于同性恋，中国没有明确的法律条文加以禁止。

中国官方一份最新调查显示，中国民众对同性恋的接纳度达九成，超过美国的86%。2005年9月7日，复旦大学在全国高校中率先开设了同性恋研究的选修课；2005年，作为中国政府主流媒体代表的中央电视台播出了与同性恋有关的节目《以生命的名义》；2006年，中央电视台音乐频道播出了以同性恋为题材的音乐电视《爱不分》；2007年，凤凰卫视的访谈性栏目《鲁豫有约》以《同志❻爱

---

❹ **"余桃"** 《한비자(韩非子)》에 기록된 것으로, 당시 위령공에 의해 사랑을 받았던 '미자하(弥子瑕)'라는 젊은이의 이야기이다. 어느 날 왕을 모시고 과수원에서 복숭아를 먹는 중에, 맛이 무척 좋은 복숭아가 있었다. 미자하는 한 입 베어 먹은 그 복숭아를 쪼개어 위왕께 드렸다. 왕은 "그대는 정말 나를 사랑하는구나."라고 칭찬하며 그 복숭아를 맛있게 먹었다. 그러나 미자하가 성인이 되어 그의 아름다움을 잃자 위령공은 "그 자는 예전에 짐에게 자기가 먹던 복숭아를 먹게 하였다."라고 했다.

❺ **"断袖"** 한(汉)나라의 애제(哀帝)는 동현(董贤)이라 불리는 미동을 좋아하였다. 어느 날 아침 애제는 사냥을 나가기 위해 일찍 일어나려는데, 그의 옷소매가 함께 잠들었던 동현의 몸 아래에 끼어버렸다. 이에 애제는 그를 깨우지 않기 위해 그의 소매를 잘랐다.

❻ **"同志"** 남성 동성애자, 게이를 가리키는 속어. 이 외에도 동성애와 관련된 표현으로 '性少数群体(성소수자)', '酷儿(퀴어)', '男同性恋(게이)', '女同性恋(레즈비언)', '无性爱(무성애)' 등이 있다.

人》、《拉拉的故事》以及《亲密爱人》等为题制作了几期以同性恋者为被访者的节目。与此同时，越来越多的同志网站、酒吧和求助热线不断产生，像《点》、《Les＋》、《同语》等同性恋读物也陆续出版。目前，越来越多同性恋题材的华语电影被搬上了大银幕，其中比较知名的影片有《春光乍泄》⑦、《蓝宇》⑧、《东宫西宫》⑨、《蝴蝶》⑩、《刺青》⑪等。

---

⑦ 《春光乍泄》 중국의 왕가위(王家卫) 감독이 제작하여 1997년 개봉된 동성애 영화로, 제50회 칸 국제영화제 최고 감독상을 받았다.

⑧ 《蓝宇》 2001년에 개봉된 영화로 1980년대 말에서 90년대 초를 배경으로 한 동성애 이야기를 담고 있다.

⑨ 《东宫西宫》 중국의 제6세대 감독 중 선두주자인 장위안(张元) 감독의 영화로 1996년에 개봉되었다.

⑩ 《蝴蝶》 2004년 홍콩에서 개봉된 영화로, 서른 살의 여자 주인공이 자아정체성의 위기를 겪고 다른 삶의 단계로 나아간다는 커밍아웃 스토리를 담고 있다.

⑪ 《刺青》 2005년 대만에서 개봉된 영화로, 여성 간의 우정과 사랑을 다루고 있다.

본문의 내용에 근거하여 다음 문제에 대해 이야기해 보세요.

1. 爱白网是一个什么样的网站？这个网站的读者和网民对美国加州最高法院裁定同性婚姻合法有什么样的反应？

2. 为什么中国的大部分同性恋者仍然戴着面具生活？
   他们的压力主要来自哪几个方面？

3. 和西方相比，为什么中国社会对同性恋采取了相对宽容的态度？有哪些历史和文化的原因使得中国公众对同性恋的接纳程度比较高？

4. 中国的主流媒体和影视作品对同性恋这个题材采取了什么样的态度？

1	析	xī	동 어근 분석하다
2	同性恋	tóngxìngliàn	명 동성애
3	最高法院	zuìgāo fǎyuàn	대법원
4	裁定	cáidìng	동 판결하다
5	同性	tóngxìng	수식 동성의
6	基于	jīyú	전 ~에 근거하다
7	裁决	cáijué	동 판결하다, 결재하다
8	市政厅	shìzhèngtīng	명 시청
9	司法官	sīfǎguān	명 사법관
10	仪式	yíshì	명 의식
11	双性恋	shuāngxìngliàn	명 양성애
12	留言	liúyán	동 말을 남기다 명 메모
13	感慨	gǎnkǎi	동 감개하다 명 감개
14	依然	yīrán	부 여전히
15	主流	zhǔliú	명 주류
16	禁忌	jìnjì	명 금기 동 금기시하다
17	压力	yālì	명 스트레스, 압력
18	权威	quánwēi	명 권위, 권위자
19	偏见	piānjiàn	명 편견
20	歧视	qíshì	동 경시하다, 차별하다 명 경시, 차별
21	隐匿	yǐnnì	동 은닉하다
22	面具	miànjù	명 가면, 마스크
23	生育	shēngyù	동 출산하다, 낳다
24	子女	zǐnǚ	명 자녀
25	大逆不道	dànì-búdào	관용 대역무도하다
26	范畴	fànchóu	명 범주
27	羞耻	xiūchǐ	형 수치스러운
28	面子	miànzi	명 체면
29	艾滋病	àizībìng	명 에이즈(AIDS)
30	加深	jiāshēn	동 심화하다
31	异性恋	yìxìngliàn	명 이성애
32	相对	xiāngduì	형 상대적인

33	残酷	cánkù	형 잔혹한, 잔인한
34	迫害	pòhài	동 박해하다, 괴롭히다
35	判	pàn	동 어근 판결하다, 판단하다
36	死刑	sǐxíng	명 사형
37	舆论	yúlùn	명 여론
38	一向	yíxiàng	부 줄곧, 내내
39	温和	wēnhé	형 온화한, 부드러운
40	接纳	jiēnà	동 받아들이다
41	大致	dàzhì	부 대체로, 대개
42	记载	jìzǎi	동 기재하다, 기록하다 명 기록
43	崇尚	chóngshàng	동 숭상하다, 숭배하다
44	成语	chéngyǔ	명 성어, 관용어
45	典故	diǎngù	명 전고, 문헌 전적에서 출현된 단어 또는 이야기
46	代名词	dàimíngcí	명 대명사
47	直觉	zhíjué	명 직관
48	评价	píngjià	동 평가하다 명 평가
49	他人	tārén	대 타인, 남
50	无关	wúguān	동 상관없다, 무관하다
51	源远流长	yuányuǎn -liúcháng	관용 역사가 오래다, 아득히 멀고 오래다
52	不屑一顾	búxiè yígù	관용 거들떠볼 가치도 없다
53	不至于	búzhìyú	부 ~까지는 미치지 않는
54	条文	tiáowén	명 조문, 조항
55	率先	shuàixiān	동 앞장서다, 솔선하다
56	选修	xuǎnxiū	동 선택하여 배우다
57	名义	míngyì	명 명의
58	频道	píndào	명 채널
59	题材	tícái	명 제재
60	访谈	fǎngtán	동 탐방하다, 방문취재하다, 인터뷰하다
61	栏目	lánmù	명 란, 항목
62	拉拉	lālā	명 레즈비언(lesbian)
63	制作	zhìzuò	동 제작하다, 만들다

64	访	fǎng	어근 방문하다, 조사하다
65	求助	qiúzhù	동 도움을 청하다
66	热线	rèxiàn	명 핫라인
67	语	yǔ	어근 말, 말하다
68	读物	dúwù	명 도서, 읽을거리
69	华语	Huáyǔ	명 중국어
70	银幕	yínmù	명 은막, 스크린

고유명사

1	加利福尼亚	Jiālìfúníyà	지명 캘리포니아(California)
2	加州	Jiāzhōu	지명 캘리포니아주
3	谢汉兰	Xiè Hànlán	인명 시에한란
4	旧金山	Jiùjīnshān	지명 샌프란시스코(San Francisco)
5	爱白网	Àibái Wǎng	아이바이왕 [중국의 동성애 사이트]
6	春秋	Chūnqiū	춘추시대(772–481 B.C.)
7	战国	Zhànguó	전국시대(476–221 B.C.)
8	中央电视台	Zhōngyāng Diànshìtái	중국 CCTV
9	凤凰卫视	Fènghuáng Wèishì	중국 봉황위성TV
10	鲁豫	Lǔyù	인명 루위
11	春光乍泄	Chūnguāng Zhà Xiè	영화 해피 투게더
12	蓝宇	Lányǔ	영화 란위
13	东宫西宫	Dōnggōng Xīgōng	영화 동궁서궁
14	蝴蝶	Húdié	영화 나비
15	刺青	Cìqīng	영화 타투

❶ 형태소

1 −恋 : 사랑, 연애

예 **同性恋** 동성애 │ **双性恋** 양성애 │ **姐弟恋** 연상 연하 연애 │ **师生恋** 사제 간 연애 │ **异国恋** 국제 연애 │ **三角恋** 삼각 관계 │ **单恋** 짝사랑 │ **自恋** 나르시시즘

2 跨− : 경계(한계)를 넘는

예 **跨性别** 트랜스젠더 │ **跨区** 구역을 넘는 │ **跨省** 성의 경계를 넘는 │ **跨界** 경계를 넘는 │ **跨海** 바다를 건너다 │ **跨年度** 해를 넘기다 │ **跨时代** 시대를 초월한 │ **跨领域** 여러 영역에 걸친 │ **跨国公司** 다국적 기업

3 非− : ~이 아니다

예 **非主流** 비주류 │ **非正式** 비공식 │ **非公有** 비공유 │ **非卖品** 비매품 │ **非暴力** 비폭력 │ **非法** 불법 │ **非金属** 비금속 │ **非处方药** 일반 의약품, 비처방약 │ **非再生资源** 비재생 자원 │ **非条件反射** 무조건 반사 │ **非物质文化遗产** 무형 문화재

4 −感 : 감각, 느낌

예 **羞耻感** 수치심 │ **荣誉感** 명예심 │ **归属感** 소속감 │ **满足感** 만족감 │ **幸福感** 행복감 │ **节奏感** 리듬감 │ **美感** 미적 감각 │ **喜感** 유머 감각 │ **语感** 어감 │ **口感** 입맛 │ **饥饿感** 허기 │ **方向感** 방향 감각

5 −意识 : 사상, 인식, 의식

예 **群体意识** 공동체 의식 │ **集体意识** 집단 의식 │ **民主意识** 민주 의식 │ **人权意识** 인권 의식 │ **危机意识** 위기 의식 │ **忧患意识** 위기 의식 │ **性意识** 성의식

6 **一心** : 심리, 사상, 감정

예 **平常心** 평상심 | **自尊心** 자존심 | **自信心** 자신감 | **好奇心** 호기심 | **野心** 야심 | **耐心** 인내심 | **善心** 착한 마음 | **狠心** 모진 마음 | **进取心** 향상심, 진취성 | **民心** 민심 | **军心** 군대의 사기 | **上进心** 성취욕 | **雄心** 웅지 | **童心** 동심 | **粗心** 덤벙대는

2 성어와 숙어

1 大逆不道 대역무도하다

'逆'은 '반역', '道'는 봉건 사회의 '도덕', '不道'는 '도덕의 위반'을 가리킨다. '봉건 질서를 파괴하고 도덕을 위반하는 행위'를 의미하는 말로, 지금은 보편적으로 수용되는 사회 관념과 도덕 기준에 부합하지 않는 행위를 말할 때 사용한다.

❶ 由于同性恋无法生育子女，因而属于"大逆不道"的范畴。
동성애는 자식을 낳을 수 없으므로 이로 인해 동성애가 '대역무도'의 범주에 속하게 되는 것이다.

❷ 你忘掉自己是什么身份了？竟然敢说出如此大逆不道的话来！
너는 자신이 무슨 신분인지 망각했니? 감히 이런 대역무도한 말을 하다니!

❸ 他从来不听父母的劝告，真是大逆不道！
그는 여태까지 부모님의 충고를 듣지 않았다. 정말로 대역무도하다!

❹ 在古代，女子私自与男人定婚是大逆不道的行为。
고대에는 여자가 마음대로 남자와 정혼하는 것은 대역무도한 행위였다.

2 不屑一顾 거들떠볼 가치도 없다

'不屑'은 '가치가 없다', '원치 않다'라는 뜻이고, '顾'는 '보다'라는 뜻이다. 즉 '한 번이라도 볼 만한 가치가 없다'라는 말로 극단적인 경시의 상황을 가리킨다.

❶ 人们对于非主流文化往往采取不屑一顾的态度，而不至于残酷迫害它。
사람들은 비주류 문화에 대해 종종 무관심한 태도를 취하는 정도이지, 그것을 잔혹하게 박해하는 정도는 아니었다.

❷ 他不屑一顾地看了一眼这些礼物，转身离开了。
그는 일고의 가치도 없다는 듯이 이 신물을 보더니 몸을 돌려 떠나버렸다.

❸ 他很傲慢，对我们提供的这些帮助不屑一顾。
그는 매우 오만하여 우리가 제공한 이런 도움은 거들떠보지도 않는다.

❹ 在别人眼里很宝贵的东西，他从来都不屑一顾。
다른 사람 눈에는 귀한 물건을 그는 절대 거들떠보지 않는다.

❸ 어구와 문형

① 既然……就…… 관용구 이미 ~했기에 ~하다

주로 문어에 사용한다. 인과복문에 쓰여 앞 절에서는 이미 실현된 것 혹은 이미 확정된 원인이나 이유를 제기하고, 뒷 절에서는 그 결론을 제시한다. '既然'은 주어의 앞뒤 모두 올 수 있다.

❶ 大部分中国人往往以平常心和直觉来评价人与事，认为同性恋既然不会伤害他人，就与他人无关。

대부분의 중국인들은 종종 평상심과 직관으로 사람이나 일을 평가하여, 동성애가 다른 이를 해하지 않기 때문에 상관없다고 여기는 편이다.

❷ 你既然已经来了，就把事做完再走吧!

이왕 왔으니 일을 다 하고 가렴!

❸ 既然留学带来的好处如此巨大，我们就应当鼓励留学。

유학이 가져다 준 장점이 이렇게 크니, 우리는 유학을 장려해야 한다.

❹ 既然你的病还没好，那就不必参加今天的会议了。

병이 아직 다 안 나았으니, 오늘 회의엔 참석할 필요가 없다.

② 同……有关 관용구 ~와 관련이 있다

어떤 사람, 어떤 일과 관련이 있음을 나타낸다. 문어적인 표현은 '与……有关'이고, 이것의 부정형식은 '与……无关'이다. '有关'은 대개 문장의 끝에서 서술어로 사용되며 목적어를 갖지 않는다.

❶ 这种态度也许同中国人的民族性格有关。

이러한 태도는 아마도 중국인들의 민족성과 관련이 있는 듯하다.

❷ 这次事故同环境污染有关。

이번 사고는 환경 오염과 관련이 있다.

❸ 我想借这本图画书，因为我的新工作同儿童教育有关。

나는 이 그림책을 빌리고 싶은데, 내 새 업무가 아동 교육과 관련이 있기 때문이다.

❹ 你的病同你吸烟有关，你还是戒烟吧!

당신의 병은 당신의 흡연과 관련이 있으니 금연하세요!

3 被……所…… 관용구 ~에 의해 ~되다

문어에 주로 쓰이며, 피동을 나타낸다. 이보다 더 문어적인 표현은 '为……所……'이다. 여기서 '被'와 '为'는 모두 전치사로 동작의 행위자를 이끈다. 동사는 반드시 타동사여야 하며, 대체로 동사가 다음절일 경우, '所'는 생략할 수 있지만, 동사가 1음절이라면 '所'를 반드시 써준다.

❶ 中国文化源远流长，中国人对自己的主流文化很有信心，从不担心被非主流文化所影响。

중국 문화는 유구한 역사를 가지고 있으므로 중국인들은 자신의 주류 문화에 대해 자신감이 넘쳐난다. 그래서 지금껏 비주류 문화에 의해 영향을 받을 것이란 걱정을 하지 않았다.

❷ 这种产品的价格一直被几家大公司所垄断。

이런 상품의 가격은 줄곧 일부 대기업에 의해 독점되어 왔다.

❸ 他做的很多事情都不被大家(所)理解和认可。

그가 한 많은 일들이 모두에 의해 이해되거나 허락되지 않았다.

❹ 学生们都被老师的真诚和热情所感动。

학생들은 모두 선생님의 진심과 열정에 감동받았다.

* 垄断 lǒngduàn 농단하다, 독점하다

4 对于 전치사 ~에 대해서

대상을 이끌거나 사물의 관련자를 이끄는 전치사로 '对'와 유사하다. 명사, 동사, 절과 결합하며, 전치사구를 이루어 문장에서 주어의 앞이나 뒤에 출현한다.

❶ 对于同性恋，中国没有明确的法律条文加以禁止。

동성애에 대하여 중국에서는 명확한 법률 조항으로 금지하지 않았다.

❷ 这本书对于教文学的老师来说帮助非常大。

이 책은 문학을 가르치는 교사들에게 도움이 많이 된다.

❸ 对于你提出的问题，我现在还没有答案。

당신이 제기한 문제에 대해, 나는 아직 답을 찾지 못했다.

❹ 对于一个学生来说，学习是最重要的事。

학생에게 있어서, 공부는 가장 중요한 일이다.

🎧 2–3

同性恋在美国

2004年5月16日，像歌迷排队抢购演唱会门票一样，无数同性伴侣蜂拥而至，提前数小时在美国马萨诸塞州剑桥市府厅外等候登记结婚。2012年5月16日，奥巴马总统在接受美国广播公司采访的时候，宣布他个人支持同性恋结婚。这是美国首位在任总统在同性恋问题上做出如此明确的声明。民意调查显示，美国民众对同性恋的态度较之前发生了重大转变。最近公布的一项盖洛普民意调查结果显示，2015年美国同性婚姻支持率创下历史新高。盖洛普发现，60%的受访者认为，同性伴侣之间的婚姻应该得到法律认可，37%的受访者表示反对；而在1996年，只有27%的美国人支持同性恋，68%的人持反对态度。在同性婚姻的问题上，从2004年美国第一对同性伴侣在马萨诸塞州结婚到今天，同性婚姻已经扩展到全美37个州和首都华盛顿。美国联邦最高法院在2015年6月底就是否使同性婚姻在全美合法化的问题作了判决，承认了同性婚姻的合法性。

美国社会对同性恋经历了从迫害、漠视到宽容的漫长历程。要想让游离于文化主流之外的同性恋亚文化被全美国所接受是非常不容易的。以下几点是美国人不能真正接受同性恋文化的主要原因：

一、根深蒂固的宗教信仰

欧美社会反对同性恋的一个主要原因可归结于《圣经》对他们的洗礼。《圣经》里提到，婚姻必须是一男一女的结合。上帝创造男人和女人，男人和女人可以生下小孩。同性恋不能繁衍后代，这就违背了上帝的造人原则。美国是一个以基督教为根基的国家，生活在这片土地的人们当然也依傍这样的准则世世代代地繁衍着生命。

二、无形之手——政治影响

为了在竞选中争取更多的选票，美国的共和党和民主党对同性恋采取了不同态度。较为保守的共和党，其主要支持者——中产阶级及富人大多是观念比较传统的人，为此，共和党的态度以反对为主；而支持者主要为妇女、少数族裔、低收入人群的民主党则相对开放。这样一支无形之手，势必影响着美国社会对同性恋文化的认可度。

三、"艾滋病"传播的替罪羊

在80年代，在同性恋者身上验出首例艾滋病。不管是由于部分同性恋者的不检点，还是部分保守人士的故意误导所致，总之，给公众造成了"同性恋者等于艾滋病"的错误观念。艾滋病不仅给个人造成了损失和伤害，还再次引发了公众对同性恋者的歧视和排斥。虽然，现今医学证实，滥交才容易导致艾滋病，同性恋者和艾滋病没有必然联系，但其对同性恋者的负面影响仍未消除，甚至扩散到全球。

四、主流下的阴霾——亚文化

从古至今，男女相配永远是占据主流的思想，后期兴起的同性恋思潮不能与主流思想相抗衡。因此，同性恋文化要想在主流思潮下求生存是难上加难的事情。

尽管以上列举了许多美国同性恋文化发展已经遇到或将会遇到的困难，它还是蓬勃地滋长着。我们看到了社会对它的认可，因为每一个人都有权利追寻自己的自由和幸福。

💬 **본문의 내용에 근거하여 다음 문제에 대해 이야기해 보세요.**

1. 美国社会对同性恋的态度怎么样？

2. 《圣经》对婚姻的看法是什么？

3. 美国政治党派对同性恋有什么影响？

4. 同性恋和艾滋病有什么关系？

5. 相对于主流文化，作者认为同性恋属于什么文化范畴？

6. 请你分析一下你们国家或地区的同性恋文化和现状。

1	歌迷	gēmí	몡 음악 팬
2	排队	pái//duì	동 줄을 서다, 정렬하다
3	抢购	qiǎnggòu	동 앞다투어 사다
4	演唱会	yǎnchànghuì	몡 콘서트
5	门票	ménpiào	몡 입장권
6	蜂拥而至	fēngyōng'érzhì	관용 몰려들다
7	市府	shìfǔ	몡 시 정부, 시청
8	厅	tīng	몡 어근 홀
9	等候	děnghòu	동 기다리다
10	声明	shēngmíng	동 성명하다 몡 성명
11	公布	gōngbù	동 공포하다, 발표하다
12	率	lǜ	몡 어근 비율
13	受访者	shòufǎngzhě	몡 인터뷰 대상, 응답자
14	扩展	kuòzhǎn	동 확장하다
15	月底	yuèdǐ	몡 월말
16	判决	pànjué	몡 판결 동 판결하다
17	漫长	màncháng	형 먼, 긴
18	历程	lìchéng	몡 과정, 노정
19	游离	yóulí	동 유리되다, 동떨어지다
20	之外	zhīwài	몡 ~의 외, 이외
21	根深蒂固	gēnshēn-dìgù	관용 뿌리가 깊다
22	归结	guījié	동 매듭을 짓다, 귀결하다
23	洗礼	xǐlǐ	몡 세례
24	提到	tídào	동 언급하다
25	小孩(儿)	xiǎohái(r)	몡 어린아이
26	繁衍	fányǎn	동 번성하다, 많이 퍼지다
27	后代	hòudài	몡 후대, 후손
28	违背	wéibèi	동 위배하다, 어기다
29	根基	gēnjī	몡 기초, 토대
30	依傍	yībàng	동 의지하다, 모방하다
31	准则	zhǔnzé	몡 준칙, 규범
32	世世代代	shìshì dàidài	중첩 대대손손

33	无形	wúxíng	수식 무형의, 보이지 않는
34	竞选	jìngxuǎn	동 경선하다
35	选票	xuǎnpiào	명 투표용지, 선거표
36	保守	bǎoshǒu	형 보수적인
37	中产阶级	zhōngchǎn jiējí	중산 계급
38	大多	dàduō	부 거의, 대부분
39	为此	wèicǐ	부 이 때문에
40	势必	shìbì	부 반드시, 꼭
41	替罪羊	tìzuìyáng	명 속죄양
42	验	yàn	동 조사하다, 검사하다
43	检点	jiǎndiǎn	동 주의하다, 점검하다
44	误导	wùdǎo	동 오도하다, 그릇된 길로 이끌다
45	致	zhì	동 ~의 결과가 되다
46	再次	zàicì	부 재차, 거듭
47	排斥	páichì	동 배척하다, 배격하다
48	现今	xiànjīn	명 현재, 지금
49	证实	zhèngshí	동 증명하다
50	滥交	lànjiāo	동 무분별한 성관계를 가지다
51	消除	xiāochú	동 제거하다, 퇴치하다
52	扩散	kuòsàn	동 확산하다, 만연하다
53	占据	zhànjù	동 점거하다, 차지하다
54	后期	hòuqī	명 후기
55	兴起	xīngqǐ	동 떨치고 일어나다, 세력이 왕성해지다
56	思潮	sīcháo	명 사조, 생각
57	抗衡	kànghéng	동 필적하다, 맞서다
58	列举	lièjǔ	동 열거하다
59	滋长	zīzhǎng	동 자라다, 성장하다

고유명사

1	马萨诸塞	Mǎsàzhūsài	지명 메사추세츠(Massachusetts)
2	剑桥	Jiànqiáo	지명 케임브리지(Cambridge)
3	奥巴马	Àobāmǎ	인명 오바마(Obama)
4	美国广播公司	Měiguó Guǎngbō Gōngsī	미국 ABC방송국(American Broadcasting Company)
5	盖洛普	Gàiluòpǔ	갤럽(Gallup, Inc.) [미국의 여론 조사 기관]
6	圣经	Shèngjīng	성경
7	上帝	Shàngdì	하나님, 성부, 천주
8	民主党	Mínzhǔdǎng	민주당

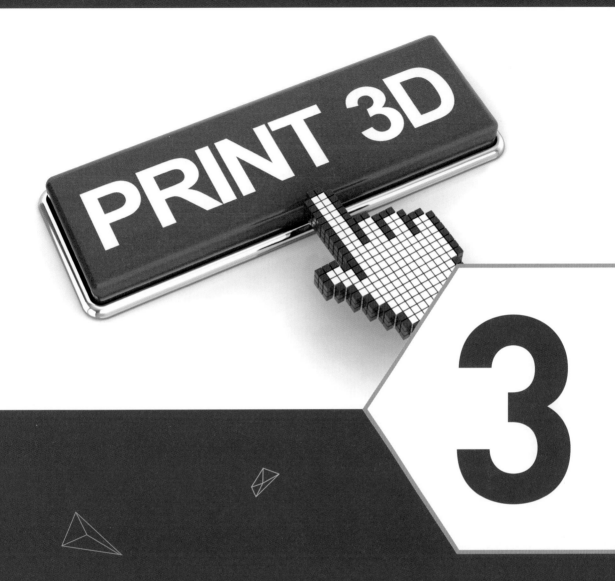

PRINT 3D

3

3D打印与未来生活

3D 프린팅과 미래의 삶

⌒ 3-1

3D打印与未来生活

煎饼，生活常见的街边小吃；3D打印，高大上的前沿技术，将两者结合在一起会是什么样子呢？最近，国外网站Kickstarter就亮相了一台3D煎饼打印机，堪称煎饼艺术家。它自带面糊容器和烤盘，而且做到了完全自动。该打印机需要一个配套软件来完成煎饼形状的设计，然后用存储卡将图片从电脑复制到打印机中，就可以坐吃煎饼了。

3D打印也就是人们常说的增材制造❶，即利用数字文件通过3D打印机制造3D实物的先进制造和设计流程。在最近这几年里，3D打印已经成为科技产业当中非常重要的一股力量，被广泛应用于国防、航空航天、生物医药、土木工程等领域。或许你会觉得3D打印距离你的生活还非常遥远，但它却是一种会真正改变我们未来生活的技术。小到一颗螺丝，大到一幢房子，3D打印似乎"无所不能"，一个新兴的数字生产革命已悄然来临。

英国剑桥大学研究人员用3D技术来修复老鼠的视网膜细胞，美国的企业用3D技术制出了金属枪，日本警视厅利用3D打印技术还原作案现场，破获了一起重大杀人案。据英国《每日邮报》12月7日报道，3D技术成功地打印出了美国总统奥巴马的塑像。一对80后建筑师夫妇在设计他们的婚礼中也用到了3D打印技术。他们认为3D打印并不是高高在上、遥不可及的东西，它完全可以和生活融合在一起。比如说在他们的这场婚礼中所用到的灯具、喜糖❷盒、筷子、首饰，甚

---

❶ **增材制造** 적층 가공(additive manufacturing, 积层加工). 3차원 물체를 만들어 내기 위해 원료를 여러 층으로 쌓거나 결합시키는 방식이다. 모든 3D 프린터는 컴퓨터의 지시에 따라 원료를 층층이 겹쳐 쌓아서 3차원의 물체를 만든다.

❷ **喜糖** 중국 결혼식에서 손님들에게 나누어 주는 사탕

至包括结婚戒指、手捧花、婚纱等等全部都是由他们自己设计并由3D打印制成的。3D打印技术的发展为人们的生活开启了一扇通往无限可能的大门。

3D打印在医疗领域最常见的用途之一就是制作骨头、软骨的替代品，以及医疗设备。这方面的应用已经取得了很大进展。日前，美国动物保护组织利用3D打印技术制作假肢，让一只左脚畸形的小白鸭生平第一次能够正常行走。毛毛是一只有先天性残疾的小白鸭，它的左脚生下来就长错了方向，是向后而非向前的。因为左脚严重畸形，毛毛无法正常行走，当它走路时，脚部会疼痛不已甚至发生感染，带来致命性的后果。毛毛畸形的左脚被切除后，3D打印公司Novacopy，用柔软耐用的硅胶为毛毛3D打印出一只可以自由活动的左脚。虽然它的步伐还略显蹒跚，但是毛毛依靠硅胶假肢已能如其他鸭子一样正常走路了。

根据一家信息研究和咨询公司最近的报告，3D打印正在快速演变，尽管当中的许多技术距离在主流市场上的普及仍需要五到十年的时间。相比一般消费者，商业和医疗领域对于3D打印技术的采纳速度会更快一些，因为这两个领域当中存在更加迫切的应用需求。与此同时，我们将会看到更多优质的新材料出现，3D打印机的速度也将会得到提升。由于在制作物品上的便捷性，3D打印机也将越来越多地出现在课堂上。在个体消费者市场准备好要腾飞之时，我们可能还会看到苹果、亚马逊或谷歌推出自己的3D打印机。

본문의 내용에 근거하여 다음 문제에 대해 이야기해 보세요.

1. 什么是3D打印？3D打印现在已经被用于哪些领域中？

2. 文章中的那对80后建筑师夫妇对3D打印技术怎么看？
   他们用3D打印做出了哪些东西？

3. 3D打印在医疗领域最常见的用途是什么？
   美国动物保护组织利用3D打印技术给小白鸭毛毛制作了什么？

4. 在作者看来，哪些领域对于3D打印技术的采纳速度会更快一些？为什么？

5. 作者预测在个体消费者市场对3D技术有需求时，哪些公司会尽快推出自己的3D打印机？

生词 단어

🎧 3-2

1	打印	dǎyìn	통 프린트하다, 인쇄하다, 찍다
2	煎饼	jiānbing	명 전병, 젼빙
3	小吃	xiǎochī	명 군것질거리, 스낵
4	前沿	qiányán	명 최전방, 선도적인 위치에 있는 것, 선진
5	亮相	liàng//xiàng	통 공개적으로 모습을 드러내다, 출시하다
6	堪	kān	통 ~할 수 있다, ~할 만하다
7	面糊	miànhù	명 밀가루 반죽, 풀
8	容器	róngqì	명 용기
9	配套	pèi//tào	통 하나의 세트로 만들다, 조립하다, 맞추다
10	存储	cúnchǔ	통 저장하다
11	复制	fùzhì	통 복제하다
12	材	cái	명 재료
13	实物	shíwù	명 실물
14	流程	liúchéng	명 공정, 과정, 생산라인
15	当中	dāngzhōng	명 그 가운데
16	国防	guófáng	명 국방
17	航天	hángtiān	명 항공
18	医药	yīyào	명 의약
19	土木工程	tǔmù gōngchéng	토목 공학
20	螺丝	luósī	명 나사
21	幢	zhuàng	양 채 [집을 세는 단위]
22	无所不能	wúsuǒbùnéng	관용 못 하는 것이 없다, 뭐든지 다 할 수 있다
23	悄然	qiǎorán	부 조용히, 고요하게, 소리 소문 없이
24	来临	láilín	통 도착하다, 오다, 도래하다
25	修复	xiūfù	통 수리하여 복원하다, 재생하다, 고치다
26	老鼠	lǎoshǔ	명 쥐, 생쥐
27	视网膜	shìwǎngmó	명 망막
28	细胞	xìbāo	명 세포
29	制	zhì	통 만들다, 제작하다
30	还原	huán//yuán	통 환원하다, 복원하다, 원상 복구하다
31	作案	zuò//àn	통 범죄를 저지르다
32	破获	pòhuò	통 범죄 사건을 해결하고 범죄자를 체포하다

33	塑像	sùxiàng	명 조각상
34	夫妇	fūfù	명 부부
35	婚礼	hūnlǐ	명 결혼식
36	高高在上	gāogāo-zàishàng	관용 대중과 현실로부터 멀리 떨어져 있다
37	遥不可及	yáobùkějí	관용 멀리 떨어져 있다, 멀리 떨어져서 닿을 수 없다
38	融合	rónghé	동 융합하다
39	灯具	dēngjù	명 조명
40	喜糖	xǐtáng	명 결혼 축하 사탕
41	首饰	shǒushì	명 장신구, 액세서리
42	戒指	jièzhi	명 반지
43	婚纱	hūnshā	명 웨딩드레스
44	开启	kāiqǐ	동 열다
45	扇	shàn	양 짝, 틀 [문·창문 등을 세는 단위]
46	通往	tōngwǎng	동 ~로 통하다
47	用途	yòngtú	명 용도, 쓰임새
48	软骨	ruǎngǔ	명 연골
49	替代	tìdài	동 대체하다, 대신하다
50	品	pǐn	어근 물품, 제품, 등급
51	日前	rìqián	명 일전, 며칠 전
52	假肢	jiǎzhī	명 의수, 의족
53	脚	jiǎo	명 발
54	畸形	jīxíng	형 기형의
55	鸭	yā	명 오리
56	生平	shēngpíng	명 생애, 평생, 일생
57	行走	xíngzǒu	동 걷다, 왕래하다
58	先天	xiāntiān	명 수식 선천, 선천적
59	残疾	cánjí	명 장애, 불구
60	走路	zǒu//lù	동 걷다, 길을 떠나다
61	疼痛	téngtòng	형 아픈
62	不已	bùyǐ	동 (계속하여) 그치지 않다, ~해 마지않다
63	感染	gǎnrǎn	동 감염되다, 전염되다
64	致命	zhìmìng	동 수식 죽을 지경에 이르다, 치명적이다

65	后果	hòuguǒ	몡 (주로 나쁜) 결과
66	切除	qiēchú	동 (외과 수술에서) 절제하다
67	柔软	róuruǎn	혱 유연한, 부드러운
68	硅胶	guījiāo	몡 실리카겔(silica gel)
69	步伐	bùfá	몡 발걸음, 걸음걸이
70	显	xiǎn	동 보이다, 나타내다, 드러내다
71	蹒跚	pánshān	동 비틀거리며 걷다
72	演变	yǎnbiàn	동 변화 발전하다, 변천하다
73	普及	pǔjí	동 보급되다, 확대되다, 퍼지다
74	采纳	cǎinà	동 (의견·요구 등을) 받아들이다
75	需求	xūqiú	몡 요구, 수요
76	优质	yōuzhì	혱 양질의, 우수한 품질의
77	便捷	biànjié	혱 간편한, 민첩한
78	课堂	kètáng	몡 수업
79	腾飞	téngfēi	동 날다, 비약하다, 도약하다
80	推出	tuīchū	동 (시장에 신상품·아이디어 등을) 내놓다, 출시하다

고유명사

1	剑桥大学	Jiànqiáo Dàxué	케임브리지(Cambridge)대학
2	日本警视厅	Rìběn Jǐngshìtīng	일본 경시청
3	每日邮报	Měirì Yóubào	데일리 메일(Daily Mail)
4	苹果	Píngguǒ	애플(Apple)
5	亚马逊	Yàmǎxùn	아마존(Amazon)
6	谷歌	Gǔgē	구글(Google)

❶ 형태소

1 一家 : -가, 장인, 전문인

어떤 전문 지식을 가지고 있거나 어떤 일에 종사하여 높은 성과를 낸 사람

> 예 艺术家 예술가 | 作家 작가 | 画家 화가 | 音乐家 음악가 | 舞蹈家 무용가 | 化学家
> 화학자 | 科学家 과학자 | 数学家 수학자 | 医学家 의학자 | 军事学家 군사학자 | 历史
> 学家 역사학자 | 考古学家 고고학자

2 一卡 : 카드

어떤 정보를 기록하는 데 사용되는 얇은 조각 모양의 물체

> 예 存储卡 메모리 카드 | 饭卡 식사 카드 | 学生卡 학생 카드 | 门卡 출입 카드 | 图书卡 도서
> 대출 카드 | 银行卡 은행 카드 | 信用卡 신용 카드

3 复一 : 다시

> 예 复制 복제하다 | 复印 복사하다 | 复发 재발하다 | 复信 답장하다 | 复习 복습하다 | 复试
> 2차 시험 | 复学 복학하다 | 复工 복직하다 | 复婚 (이혼한 부부가) 재결합하다

4 一具 : 도구, 용구

> 예 灯具 조명 도구 | 厨具 취사 도구 | 工具 공구 | 文具 문구 | 玩具 완구 | 办公用具 사무
> 용품 | 茶具 나기 | 家具 가구

5 一品 : 물건, 물품

> 예 替代品 대체품 | 用品 용품 | 商品 상품 | 物品 물품 | 食品 식품 | 化妆品 화장품 |
> 装饰品 장식품 | 赠品 증정품 | 奢侈品 사치품

6 　－域 : 범위, 영역

예 **领域** 영역 ｜ **海域** 해역 ｜ **地域** 지역 ｜ **界域** 경계 ｜ **疆域** 국가의 영토 ｜ **空域** 공역, 공중의 영역

② 성어와 숙어

① 无所不能　못 할 것이 없다, 무엇이든 다 할 수 있다

'无所'는 '~하는 바가 없다'라는 의미이다. 그래서 '无所不能'은 '할 수 없는 것이 없다', 즉 '무엇이든 다 할 수 있다'라는 뜻을 나타낸다.

> 예 **无所不能** 할 수 없는 것이 없다 ｜ **无所不知** 모르는 것이 없다 ｜ **无所畏惧** 두려운 것이 없다 ｜
> **无所不谈** 못하는 말이 없다

❶ 3D打印似乎"无所不能"，一个新兴的数字生产革命已悄然来临。
　　3D 프린팅은 마치 '만능'처럼 보인다. 새로운 디지털 생산 혁명은 이미 소리 소문 없이 우리 곁에 와 있다.

❷ 说起机器人，大家都觉得它们无所不能，能够帮助人类解决所有困难。
　　로봇에 대해 말하자면, 모두가 로봇은 만능이어서 인간의 온갖 어려움을 해결하도록 도울 수 있을 것이라고 생각한다.

❸ 诸葛亮以智谋被后世传颂，他上知天文下知地理，几乎无所不能。
　　제갈량은 지략으로 후세에 칭송을 받았는데, 그는 위로는 천문을 알고 아래로는 지리까지 알아 거의 못하는 것이 없었다.

❹ 在孩子心中，父亲看上去高大魁梧、无所不能。
　　아이의 마음속에 아버지는 키가 크고 건장하며 못하는 것이 없는 것처럼 보였다.

*高大魁梧 gāodà kuíwu 키가 크고 훤칠하다

② 高高在上　대중으로부터 멀리 떨어져 있거나 실제와 서로 부합하지 않다

❶ 他们认为3D打印并不是高高在上、遥不可及的东西，它完全可以和生活融合在一起。
　　그들은 3D 프린팅이 현실과 동떨어져 너무 높거나 멀리 있는 것이 아니라 우리의 삶과 함께 융합될 수 있는 것이라고 주장한다.

❷ 明星总是给人一种高高在上的感觉。
　　스타는 늘 사람들에게 너무 높아서 닿을 수 없다는 느낌이 들게 한다.

❸ 最近有媒体报道，原来高高在上的星级酒店推出了自助餐外卖服务。
　　최근 언론 보도에 따르면, 원래 콧대가 높았던 일류 호텔이 뷔페 배달 서비스를 시작했다.

❹ 谈到私人飞机，大多数人可能都会觉得它高高在上，遥不可及。
　　자가용 비행기에 대해 말하자면, 대다수의 사람들은 아마도 그것이 비현실적이고 요원하다고 느낄 것이다.

3 遥不可及 너무 요원하여 얻기 힘들다

❶ 他们认为3D打印并不是高高在上、遥不可及的东西，它完全可以和生活融合在一起。

그들은 3D 프린팅이 현실과 동떨어져 너무 높거나 멀리 있는 것이 아니라 우리의 삶과 함께 융합될 수 있는 것이라고 주장한다.

❷ 科学家正在寻找另一个地球，但是那似乎是一个遥不可及的美丽童话。

과학자들은 또 다른 지구를 찾고 있지만, 그것은 마치 너무 요원해서 닿을 수 없는 아름다운 동화처럼 보인다.

❸ 专家声称人类想要长生不死并不是那么遥不可及。

전문가들은 인간이 죽지 않고 오래 살기를 원하는 것은 그렇게 먼 일이 아니라고 주장한다.

❹ 对于大多数普通百姓来说，买房，尤其在一线城市买房，依然是遥不可及的梦想。

대다수 일반 서민에게 있어 집을 사는 것, 특히 일선 도시에서 집을 사는 것은 여전히 요원한 꿈이다.

*一线城市 yìxiàn chéngshì 중국에서 경제·문화적으로 가장 발달된 도시인 베이징, 상하이, 광저우, 선전을 가리킨다.

4 疼痛不已 계속 아프다

'아픈 것이 멈추지 않고 계속되다'라는 의미로, 여기서 '不已'는 '멈추지 않다'라는 뜻이다.

예 兴奋不已 계속 흥분되다 | 心跳不已 가슴이 계속 두근거리다 | 羡慕不已 흠모해 마지않다 |
惊喜不已 계속 놀라고 기뻐하다 | 激动不已 감격해 마지않다 | 感动不已 감동해 마지않다 |
震惊不已 놀라움을 금치 못하다 | 悔恨不已 후회를 금치 못하다 | 悲痛不已 비통해 마지않다 |
头疼不已 머리가 지끈지끈 아프다

❶ 毛毛无法正常行走，当它走路时，脚部会疼痛不已甚至发生感染，带来致命性的后果。

마오마오는 정상적으로 걸을 수 없었는데 걸을 때마다 발에 계속 통증이 있고 심지어 감염이 되기도 하여 치명적인 결과가 생길 수 있었다.

❷ 中国经济发展的速度之快让世界震惊不已。

중국 경제의 빠른 발전 속도는 세계를 깜짝 놀라게 했다.

❸ 外婆的去世让他悲痛不已。

외할머니의 별세에 그는 비통을 금치 못했다.

❹ 苹果的新产品太酷了，粉丝们兴奋不已。

애플의 신제품이 너무 멋있어서 팬들이 흥분을 금치 못했다.

*酷 kù 훌륭하다, 멋지다 [영어 'cool'의 음역]

❸ 어구와 문형

1 该 [대명사] 이, 그, 저

앞에서 언급한 적이 있는 사람이나 사물을 가리킨다. '这个' 혹은 '那个'로 교체할 수 있고, 사람이나 사물을 가리킬 수 있다. 관형어로 사용되며 주로 문어에 쓰인다.

❶ 该打印机需要一个配套软件来完成煎饼形状的设计，然后用存储卡将图片从电脑复制到打印机中，就可以坐吃煎饼了。

이 프린터는 전병 모양의 디자인을 완성할 소프트웨어 세트가 필요한데, 그다음에는 메모리 카드를 통해 사진을 컴퓨터에서 프린터로 복제하기만 하면 우리는 앉은 자리에서 바로 전병을 먹을 수 있다.

❷ 他从小就是一个聪明的孩子。学校记录显示该生每门功课的成绩都是A。

그는 어려서부터 총명한 아이였다. 학교 기록은 이 학생의 과목별 성적이 모두 A라는 것을 보여준다.

❸ Mount Holyoke College建于1837年。该校是一所历史悠久的女子大学。

마운트 홀리오크 컬리지는 1837년에 설립되었다. 이 학교는 유서 깊은 여자 대학이다.

❹ 苹果公司是一家著名的企业。该公司的产品主要是电脑和智能手机。

애플사는 유명한 기업이다. 이 회사의 주력 상품은 컴퓨터와 스마트폰이다.

2 当中 [명사] 그중, 그 속, 그 가운데

❶ 在最近这几年里，3D打印已经成为科技产业当中非常重要的一股力量。

최근 몇 년 사이에 3D 프린팅은 이미 과학 기술 산업에서 가장 중요한 역량이 되었다.

❷ 受教育程度在高中以下的成年美国人当中，有三分之一不上网。

고교 이하의 교육을 받은 미국 성인 중 3분의 1은 인터넷에 접속하지 않는다.

❸ 在求职者的学历、经验、专业训练、家庭背景当中，经验和专业训练对用人单位来说更重要。

구직자의 학력, 경험, 전문 훈련, 가정 배경 중에서 경험과 전문 훈련이 고용 업체에게는 더 중요하다.

❹ 在三个姐妹当中，父母最疼爱小女儿。

세 자매 중에서 부모는 막내딸을 가장 귀여워한다.

3 小到……大到…… 　관용구 작게는~ 크게는~

가장 작은 사례와 가장 큰 사례를 들어 범위가 넓다는 것을 설명한다. 삼라만상의 모든 것을 다 가지고 있음을 나타내는 데 자주 사용된다.

❶ 小到一颗螺丝，大到一幢房子，3D打印似乎"无所不能"，一个新兴的数字生产革命已悄然来临。
작게는 나사 하나에서 크게는 집 한 채까지 3D 프린팅은 마치 '못하는 것이 없는 것'처럼 보인다. 새로운 디지털 생산 혁명이 벌써 소리 소문 없이 우리 곁에 와 있다.

❷ 小到日用小商品，大到家用电器，都降价了30%到50%。
작게는 소형 생활용품부터 크게는 가전기기에 이르기까지 30~50% 가격을 인하했다.

❸ 世界上有各种各样的风俗，小到吃穿住行，大到婚俗葬礼，都因地而异，各不相同。
세상에는 다양한 풍습이 있는데, 작게는 의식주부터 크게는 결혼식이나 장례식에 이르기까지 모두 지역에 따라 각기 다르다.

❹ 对于喜欢购物的游客来说，日本几乎可以买到所有你想要的东西，小到本土的药品，大到世界顶级品牌，而且在商场内就可以直接完成退税。
쇼핑을 좋아하는 관광객은 일본에서 작게는 현지 약품부터 크게는 세계 일류 브랜드까지 당신이 원하는 물건을 거의 다 살 수 있으며, 매장 내에서 직접 세금 환급까지 마칠 수 있다.

*退税 tuìshuì 세금을 돌려주다

4 ……之一 　관용구 ~중의 하나

하나의 큰 부류 가운데 한 가지 예를 설명할 때 쓰인다.

❶ 3D打印在医疗领域最常见的用途之一就是制作骨头、软骨的替代品，以及医疗设备。
의료 영역에서 가장 흔히 보는 3D 프린팅의 용도 중 하나는 바로 뼈, 연골의 대체품과 의료 설비 제작이다.

❷ 加拿大是"七大工业组织"的成员国，是世界工业领袖之一。
캐나다는 'G7'의 회원국으로 세계 선진 공업국 중 하나이다.

❸ 中国是向欧美市场出口产品的主要国家之一。
중국은 서구 시장에 상품을 수출하는 주요 국가 중 하나이다.

❹ 中国教育改革的目标之一就是提高学生的创造力和独立思考的能力。
중국의 교육 개혁 목표 중 하나는 바로 학생의 창의력과 독립적인 사고력을 향상시키는 것이다.

*G7 세계의 부와 무역을 지배하고 있는 7개 선진 공업국으로 통상 미국, 일본, 영국, 프랑스, 독일, 이탈리아, 캐나다를 일컫는다.

情感慢递店　浪漫寄心情

情侣如果能给爱人写封信，留下对今后的期望和梦想，多年后再打开这封信，回忆当年的情感和宝贵时光，这显然是件浪漫的事。这样的慢递服务如今非常流行，而在南京也有人在快节奏的现代生活中赚起"慢钱"来。老板是一位80后的姑娘，店里的业务是顾客可以给某个人写封信，然后指定未来信件发出的年月日。

80后小店店主"树小姐"提供慢递服务，可以邮寄一张明信片给未来的自己。未来某一天，你就可以收到今天的心情。"树小姐"告诉记者，小店自从2011年12月24日开张起就有了慢递业务，几乎每天都会有人来享受这个服务，有时候一天多至二三十人，到现在为止已经贮藏了几百张将要寄出的明信片了。顾客大多以年轻人、情侣为主。时间最久远的两张明信片出自一对情侣之手。他们相约十年后再接收来自彼此的心情和真实感受，以见证他们的爱情。小店接待过最年长的顾客是一位已过花甲之年的老奶奶，她特地来店里挑了一张明信片寄给自己的小孙女，希望孙女长大后能收到自己满满的爱与鼓励。

慢递服务让"树小姐"交上了不少朋友。顾客很多都不是本地人，他们往往在南京逗留了一段时间之后就各奔东西。然而与"树小姐"熟识后，身在各地的顾客也不忘给她寄上一张明信片，表达对生活的美好向往与祝愿。

"树小姐"说，她的顾客多是回头客，"因为每段时间自己的心情不同，所以大家在收到慢递后又会再写新的，所以我和大部分顾客都成了好朋友"。"有那么多朋友都在想着你，关心着你，这本身就是一件多么幸福的事啊"。

慢递是一种和普通邮局相同的信件投递服务，唯一的区别是，投递的时间由寄信人自己决定。这样的慢递店与快递店不同的不只是递送的速度，而且还契合了都市人不同的心理需求。在时间就是效率的今天，快递公司由于符合上班族高效率的工作特点，生意越来越火。但是快节奏的生活使人感到压抑，产生焦虑感。另外，物质的繁荣和对物质的狂热追求，必定导致情感的空虚。人们需要找到情感的发泄口，诉诸自己内心的真实感情。以慢递为代表的情感消费可在一定程度上满足这一需求。慢递以一种类似行为艺术的方式，提醒人们在快速发展的现代社会中去关注自己的当下，目前在上海、北京等大城市已开始流行。

📑 본문의 내용에 근거하여 다음 문제에 대해 이야기해 보세요.

1. "慢递"是什么样的服务？你对这样的服务有什么看法？

2. "树小姐"的店生意怎么样？顾客是什么样的人？
   他们慢递的是什么？

3. "慢递"这种形式在现代生活中有什么意义？

4. 如果你去"树小姐"的店，会写一封什么样的信？为什么？

5. 在"分秒必争"的现代生活压力下，你用什么方式使你的生活
   慢下来？

1	期望	qīwàng	통 기대하다　명 기대
2	梦想	mèngxiǎng	명 꿈, 공상, 망상　통 갈망하다, 꿈꾸다
3	打开	dǎkāi	통 열다
4	节奏	jiézòu	명 리듬, 템포
5	赚	zhuàn	통 (돈을) 벌다
6	指定	zhǐdìng	통 지정하다
7	信件	xìnjiàn	명 편지
8	邮寄	yóujì	통 우편으로 부치다
9	明信片	míngxìnpiàn	명 엽서
10	开张	kāi//zhāng	통 개점하다, 개업하다, 창업하다
11	贮藏	zhùcáng	통 저장하다, 간직하다
12	久远	jiǔyuǎn	형 까마득한, 멀고 오래된
13	相约	xiāngyuē	통 서로 약속하다
14	接收	jiēshōu	통 받아들이다, 수용하다
15	见证	jiànzhèng	통 목격하다, 증언하다　명 증인, 증거물
16	花甲	huājiǎ	명 환갑, 회갑, 60세
17	特地	tèdì	부 특별히, 일부러
18	孙女	sūnnǚ	명 손녀
19	逗留	dòuliú	통 머물다, 체류하다
20	奔	bèn	통 내달리다, ~를 향해 가다
21	熟识	shúshi	통 잘 알다
22	向往	xiàngwǎng	통 동경하다, 지향하다
23	祝愿	zhùyuàn	통 축원하다, 기원하다
24	回头客	huítóukè	명 다시 찾아온 손님, 단골
25	投递	tóudì	통 배달하다
26	区别	qūbié	통 구별하다　명 차이점
27	契合	qìhé	통 부합하다, 의기 투합하다
28	效率	xiàolù	명 효율
29	压抑	yāyì	통 마음이 답답하다, 억제하다, 억압하다
30	焦虑	jiāolù	형 걱정스러운, 우려하는
31	繁荣	fánróng	형 번영하는
32	狂热	kuángrè	형 열광적인, 미친

33	空虚	kōngxū	형 공허한, 텅빈
34	发泄	fāxiè	동 발산하다, 배출하다, 해소하다
35	诉诸	sùzhū	동 ~에 호소하다
36	类似	lèisì	동 유사하다, 비슷하다
37	当下	dāngxià	명 즉각 부 바로

고유명사

| 1 | 南京 | Nánjīng | 지명 난징 |

MASSIVE OPEN ONLINE COURSE

4

在线大学：
在网络时代实现"有教无类"的梦想

온라인 대학: 인터넷 시대에 '차별 없는 교육'의 꿈을 실현하다

🎧 4–1

在线大学：
在网络时代实现"有教无类"的梦想

　　中国的思想家、教育家孔子在两千多年前提出了"有教无类"的教育理念。这个理念有超越时代的意义，主张"在教育面前人人平等"。两千多年来，"教育不分贫富、种族、性别和年龄"一直是人类的梦想；而在现实生活中仍有千千万万的人由于种种原因被关在高等学府的大门之外。

　　近年来，在线大学"慕课(MOOC)"❶的兴办又一次张起了"教育平等"、"精英教育平民化"的大旗。通过网络，免费学习全球知名大学的课程正在成为一种新型的学习模式。这场席卷全球的"慕课教学实践"使世界上最优质的教育传播到地球最偏远的角落，也让"随时随地"的终身学习不再遥远。《时代周刊》记者阿曼达·里普利这样写道："慕课提供者将褪去高等教育的所有浮华外衣——品牌、价格，还有设施，让我们所有人记起教育的本质是学习。"2012年11月比尔·盖茨基金会向世界上最大的在线学习首创机构edX投资一百万美元。在比尔·盖茨看来，发展在线教育的必要性就在于"高等教育的成本很高，人们持续学习的需求也很强烈；同时，教育质量也没有达到我们想要的高度"。edX的首席执行主管Anant Agarwal在2014年的一次媒体采访中表示："我们坚信，我们可以为所有地方的所有人提供真正的顶级在线课程，不论其社会地位如何或者收入如何；与此同时，我们也力图改善学校教育质量。"

---

❶ "慕课(MOOC)"　　무크. '온라인 공개 수업(Massive Open Online Course)'의 약자

哪些人已经受益于这种新型的教育方式呢？中国山东大学生刘磊厌倦了死板的"老师念笔记，学生记笔记"的授课方式，于是就在他钟爱的"果壳网"[②]的"慕课自习室"里选修了一门 Udacity 的生物课，因此拥有了肤色各异的两万多名同学。他每天坐在宿舍里，看着视频上的美国教授和十几个学生或侃侃而谈、或激烈争论，时不时提交自己的见解，学得兴趣盎然。年仅十七岁的巴图辛·米昂甘巴雅是麻省理工学院一年级学生，来自蒙古国。他之所以有机会入读美国名校，完全得益于"慕课"。两年前，他在网上注册了麻省理工学院的大学二年级水平的"电路和电子学"课程，当时年方十五岁的巴图辛在这门课上成绩优异，让麻省理工学院刮目相看，向他发出了入学通知书。美国伊利诺伊州民主党人、参议员理查德·杜尔宾注册了一门"现代美国诗歌"的网络课程。还有一位上同一课程的学生是常年卧病在床的八十一岁希腊老人，他还在网络上发表了关于诗人艾米莉·迪金森的研究论文。

"慕课"教学在诸多方面冲击着传统的高等教育模式。它不仅向全球免费提供知名高校的优质课程，而且正在通过课堂与在线混合模式重构校园教育。刚从美国回到清华大学的年轻学者徐葳，从伯克利大学带回了一

---

❷ **"果壳网"**　2010년에 만들어진 중국의 과학 기술 관련 인터넷 사이트

门名为"云计算与软件工程"的在线课程，通过与传统课堂教学结合，使得学习更加深入和个性化，提高了教与学的质量和效率。美国乔治亚理工大学校长乔治·皮特森曾这样表示："'慕课'预示着教育领域有发生颠覆性变革的可能性，向那些每年收五万美元学费的大学提出一个挑战：如果知识可以从互联网免费获得，你得提供什么样的教育才值这个钱？"

在线教育是网络时代的产物，有很多优越性，使我们在"教育平等"和"优质教育平民化"方面迈进了一大步。然而，专家一致认为，"在线教育并不能完全替代传统教育"。在目前的技术背景下，比较适合"慕课"的课程有两类：一是通过文字、视频这种传导方式能够让学生比较容易接受的课程；二是某些虽然复杂一点，甚至需要动手操作，但可以通过逻辑或者代码学习的一些课程。真正凭借自身体验和老师直接指导的课程，还要依靠课堂教育。更重要的是，有些东西，你只能在场才能获得。传统课堂教育中深度探讨、动手实践、与老师同学互动等特质是在线教育无法提供的。另外，在线课程目前还有很多问题，比如教师缺乏动力、学生参与程度低、课程完成率不理想、学习效果缺乏权威性检验等，都是有待完善、解决的。

📖 본문의 내용에 근거하여 다음 문제에 대해 이야기해 보세요.

1. "有教无类"是什么样的教育理念?

2. "慕课"教育有哪些优势?它能实现"有教无类"的梦想吗?

3. "慕课"教育对哪些人会有很大的帮助?为什么?

4. "慕课"教育在哪些方面会冲击传统教育?为什么?

5. 为什么在线教育不能完全代替传统教育?

6. 你对在线教育有什么看法?

生词

4-2

1	有教无类	yǒujiào-wúlèi	관용 모든 사람에게 차별 없이 교육하다
2	超越	chāoyuè	동 초월하다, 뛰어넘다
3	贫富	pínfù	명 빈부
4	种族	zhǒngzú	명 종족, 인종
5	千千万万	qiānqiān-wànwàn	중첩 무수하다, 수가 매우 많다
6	高等	gāoděng	수식 고등의, 고급의
7	学府	xuéfǔ	명 학부, 대학, 고등 교육 기관
8	慕课	mùkè	명 무크(MOOC, Massive Open Online Course)
9	兴办	xīngbàn	동 창립하다, 창설하다, 설립하다
10	精英	jīngyīng	명 엘리트
11	平民	píngmín	명 평민, 시민
12	旗	qí	명 깃발
13	免费	miǎn//fèi	동 무료로 하다
14	新型	xīnxíng	수식 신형의
15	席卷	xíjuǎn	동 석권하다, 휩쓸다
16	偏远	piānyuǎn	형 후미진, 외진, 동떨어진
17	角落	jiǎoluò	명 구석, 모퉁이, 외진 곳
18	随地	suídì	부 어디서나, 어느 데나
19	终身	zhōngshēn	명 평생, 일생, 종신
20	褪	tuì	동 (옷을) 벗다, (색이) 바래다, 퇴색하다
21	浮华	fúhuá	형 실속 없이 겉만 화려한, 사치스러운
22	外衣	wàiyī	명 겉옷, 외투, 코트
23	设施	shèshī	명 시설
24	基金会	jījīnhuì	명 재단
25	首席	shǒuxí	명 수석
26	坚信	jiānxìn	동 굳게 믿다
27	顶级	dǐngjí	형 최고 수준의
28	力图	lìtú	동 힘써 도모하다
29	受益	shòuyì	동 이익을 얻다
30	厌倦	yànjuàn	동 싫증나다
31	死板	sǐbǎn	형 틀에 박힌, 경직된
32	授课	shòu//kè	동 강의하다, 수업하다
33	钟爱	zhōng'ài	동 특별히 사랑하다, 총애하다

34	自习	zìxí	⑧ 스스로 공부하다, 자습하다
35	肤色	fūsè	⑲ 피부색
36	异	yì	어근 다른, 이상한
37	视频	shìpín	⑲ 동영상
38	侃侃而谈	kǎnkǎn'értán	관용 차분하게 얘기하다
39	提交	tíjiāo	⑧ 제출하다, 제기하다
40	见解	jiànjiě	⑲ 견해, 의견
41	盎然	àngrán	⑱ (흥미·재미 등이) 진진한, (기운·생기 등이) 넘쳐흐르는
42	得益	déyì	⑧ 덕택이다, 도움을 받다
43	电路	diànlù	⑲ (전기) 회로
44	电子学	diànzǐxué	⑲ 전자 공학
45	优异	yōuyì	⑱ 우수한, 탁월한
46	刮目相看	guāmù-xiāngkàn	관용 괄목상대하다, 새로운 안목으로 다시 보다
47	入学	rù//xué	⑧ 입학하다
48	参议员	cānyìyuán	⑲ 상원 의원
49	诗歌	shīgē	⑲ 시, 시가
50	常年	chángnián	⑲ 평년 ⑭ 일 년 내내
51	卧病	wòbìng	⑧ 병으로 자리에 눕다, 앓아눕다
52	诸多	zhūduō	⑱ 수많은, 허다한
53	混合	hùnhé	⑧ 혼합하다, 함께 섞다
54	构	gòu	어근 세우다, 짜다, 구성하다
55	回到	huídào	어근 되돌아가다
56	学者	xuézhě	⑲ 학자
57	预示	yùshì	⑧ 예고하다, 예시하다
58	颠覆	diānfù	⑧ 전복시키다
59	变革	biàngé	⑧ 변혁하다, 바꾸다
60	值	zhí	⑧ ~할 가치가 있다
61	产物	chǎnwù	⑲ 산물, 생산물
62	优越	yōuyuè	⑱ 우월한, 우수한
63	迈进	màijìn	매진하다, 돌진하다
64	传导	chuándǎo	⑧ 전도하다, 전달하다
65	代码	dàimǎ	⑲ 코드
66	凭借	píngjiè	⑧ ~에 의존하다, ~을 구실로 삼다

67	自身	zìshēn	몡 자신
68	在场	zàichǎng	동 현장에 있다
69	深度	shēndù	몡 깊이, 심도　형 심도 있는, 깊이 있는
70	探讨	tàntǎo	동 탐구하다, 토론하다
71	特质	tèzhì	몡 특징, 특질
72	动力	dònglì	몡 원동력, 동기
73	检验	jiǎnyàn	동 검증하다, 테스트하다　몡 테스트
74	有待	yǒudài	동 ~할 필요가 있다, ~이 기대되다, 기대하다
75	完善	wánshàn	동 완벽하다, 나무랄 데가 없다　형 완벽한

고유명사

1	孔子	Kǒngzǐ	인명 공자
2	时代周刊	Shídài Zhōukān	타임지(Time magazine)
3	阿曼达·里普利	Āmàndá Lǐpǔlì	인명 아만다 리플리(Amanda Ripley)
4	比尔·盖茨	Bǐ'ěr Gàicí	인명 빌 게이츠(Bill Gates)
5	山东	Shāndōng	지명 산둥
6	刘磊	Liú Lěi	인명 류레이
7	果壳网	Guǒké Wǎng	궈커왕
8	巴图辛·米昂甘巴雅	Bātúxīn Mǐ'ánggānbāyǎ	인명 바투시 미안간바야(Battushig Myanganbayar)
9	麻省理工学院	Máshěng Lǐgōng Xuéyuàn	MIT(Massachusetts Institute of Technology)
10	蒙古国	Ménggǔguó	국명 몽골(Republic of Mongolia)
11	伊利诺伊	Yīlìnuòyī	지명 일리노이(Illinois)
12	理查德·杜尔宾	Lǐchádé Dù'ěrbīn	인명 리처드 더빈(Richard Durbin)
13	希腊	Xīlà	국명 그리스(Greece)
14	艾米莉·迪金森	Àimǐlì Díjīnsēn	인명 에밀리 디킨슨(Emily Dickinson)
15	清华大学	Qīnghuá Dàxué	칭화대학
16	徐葳	Xú Wēi	인명 쉬웨이
17	伯克利	Bókèlì	지명 버클리(Berkley)
18	乔治亚理工大学	Qiáozhìyà Lǐgōng Dàxué	조지아텍(Georgia Institute of Technology)
19	乔治·皮特森	Qiáozhì Pítèsēn	인명 조지 페터슨(George Peterson)

❶ 형태소

1 免─ : 제거하다, 피하다, ~하지 마라

> **免费** 무료로 하다 | **免票** 무료입장하다 | **免税** 면세하다 | **免职** 면직하다 | **免提** 핸즈프리 | **免冠** 모자를 벗다 | **免疫** 면역 | **免罪** 면죄하다 | **免刑** 처벌을 면하다 | **免俗** 인습에 얽매이지 않다

2 ─型 : 유형

> **新型** 신형 | **重型** 중량급, 대형 | **巨型** 초대형의 | **大型** 대형 | **中型** 중형 | **小型** 소형 | **微型** 소형, 미니 | **线型** 선형 | **流线型** 유선형 | **造型** 조형, 형상, 이미지 | **发型** 헤어스타일 | **句型** 문형

3 ─者 : 자, ~하는 사람
형용사나 동사 뒤에 사용되어 그 속성을 가지거나 그 동작을 하는 사람을 표현한다.

> **提供者** 제공자 | **记者** 기자 | **劳动者** 노동자 | **学者** 학자 | **编者** 편집자 | **作者** 저자 | **笔者** 필자 | **读者** 독자 | **患者** 환자 | **长者** 연장자 | **强者** 강자

4 首─ : 최고의, 처음으로

> **首创** 창시하다, 창건하다 | **首发** 처음으로 발행하다, 첫발 | **首推** 첫손으로 꼽히다, 최고로 여기다 | **首播** 첫 방송을 하다, 처음으로 방송하다 | **首度** 처음, 첫 번째 | **首席** 상석의, 수석 | **首选** 일등으로 당선된 | **首映** 개봉 상영하다 | **首演** 초연 | **首战** 1차전, 최초의 전투 | **首班车** 첫차

5 ─级 : 등급

> **顶级** 최고급인 | **次级** 차등의 | **高级** 고급 | **中级** 중급 | **低级** 저급 | **明星级** 스타급 | **五星级** 오성급 | **国家级** 국가급 | **省级** 성급 | **市级** 시급

6 增─ : 증가하다, 늘어나다

예 **增长** 늘어나다 | **增加** 증가하다 | **增进** 증진하다 | **增多** 많아지다 | **增高** 높아지다 | **增强** 강화하다

7 入─ : 들어오거나 들어가다, 참가하다

예 **入读** 입학하다 | **入学** 입학하다 | **入伍** 입대하다 | **入院** 입원하다 | **入境** 입국하다 | **入席** 착석하다 | **入手** 입수하다 | **入选** 당선되다 | **入时** 유행에 맞다 | **入睡** 잠들다 | **入市** 주식 시장에 참여하다 | **入狱** 감옥에 들어가다

8 ─书 : 책, 서신, 증서, 문건

1. 책
   예 **工具书** 사전류, 참고서 | **参考书** 참고서 | **教科书** 교과서 | **说明书** 설명서 | **白皮书** 백서, 정부 보고서

2. 서신, 증서, 문건
   예 **入学通知书** 입학 통지서 | **证书** 증서 | **保证书** 보증서 | **悔过书** 시말서 | **家书** 집에서 온 편지 | **情书** 연애편지 | **婚书** 혼인 증서 | **休书** 이혼 증서 | **议定书** 의정서 | **国书** 국서, 신임장

9 重─ : 다시, 재차

예 **重构** 재구성하다 | **重组** 개편하다 | **重建** 재건하다 | **重演** 재연하다 | **重合** 다시 합치다 | **重申** 재천명하다 | **重围** 겹겹의 포위망 | **重印** 재판 | **重译** 재번역하다 | **重奏** 중주

10 ─费 : 비용

예 **学费** 학비 | **饭费** 밥값 | **车费** 차비 | **旅费** 여비 | **杂费** 잡비 | **生活费** 생활비 | **路费** 노자, 여비 | **机场费** 공항 사용료 | **安家费** 정착비, 부임 수당 | **会费** 회비 | **会员费** 회원비

11 互－ : 서로

1음절 동사 앞에 사용한다.

> **예** **互动** 상호 작용 | **互助** 서로 돕다 | **互相** 서로, 상호 | **互换** 교환하다 | **互通** 서로 통하다 |
> **互让** 서로 양보하다 | **互谅** 서로 이해하다 | **互敬** 서로 공경하다 | **互爱** 서로 사랑하다 | **互利**
> 서로 이롭다

② 성어와 숙어

① 有教无类　차별 없이 가르치다, 차별 없는 교육

고대 중국의 교육자이자 사상가인 공자가 제시한 교육 이념으로 빈부, 귀천, 선악, 지식의
정도 등을 이유로 사람들을 교육의 대상에서 배제할 수 없고, 누구든지 교육을 받을 수 있
다는 의미이다.

❶ 中国的思想家、教育家孔子在两千多年前提出了 "有教无类" 的教育理
念。

중국의 사상가이자 교육자인 공자는 2천여 년 전 '차별 없는 교육'이라는 교육 이념을 제시했다.

❷ 在线教育可以使我们进一步实现 "有教无类" 的教育理念。

온라인 교육은 우리로 하여금 한 걸음 더 나아가 '차별 없는 교육'이라는 교육 이념을 실천하게 한다.

❸ 不论学生贫富贵贱，身为一个老师都应一视同仁、有教无类。

학생의 빈부귀천을 막론하고 선생님이라면 누구나 똑같이 대하고, 차별 없이 가르쳐야 한다.

❹ 美国从小学到高中的免费教育制度是不是实现了有教无类的理想呢？

미국의 초등부터 고교까지의 무상 교육 제도는 차별 없는 교육이라는 이상을 실현한 것입니까?

*一视同仁 yíshì-tóngrén 누구나 차별 없이 대하다

② 千千万万　수량이 매우 많은, 수많은

❶ 在现实生活中仍有千千万万的人由于种种原因被关在高等学府的大门之
外。

현실 생활에서는 여전히 여러 가지 원인으로 인해 고등 교육 기관의 문턱을 넘지 못하는 사람이 수없이 많다.

❷ 中国千千万万的购房者都要面对房价不断上涨的问题。

중국의 수많은 주택 구입자들 모두 부동산 가격의 계속된 상승이라는 문제에 직면할 것이다.

❸ 他们一家只是千千万万中国家庭中的一个。

그들 일가족은 수많은 중국 가정 중 하나에 불과하다.

❹ 这首诗写得情真意切，感动了千千万万的人。

이 시는 진실하고 애틋하게 쓰여 수많은 사람들을 감동시켰다.

3 随时随地　언제 어디든, 언제 어디서나

❶ 这场席卷全球的"慕课教学实践"使世界上最优质的教育传播到地球最偏远的角落，也让"随时随地"的终身学习不再遥远。

전 세계를 휩쓸고 있는 이 '무크 교육의 실천'으로 인해 세계적으로 가장 우수한 교육이 지구상 가장 외진 곳까지 전파되었고, '언제 어디서나' 이루어지는 평생 교육이 더 이상 요원하지 않게 되었다.

❷ 有了移动网络，我可以随时随地查看电子邮件。

모바일 네트워크만 있으면 나는 언제 어디서나 이메일을 확인할 수 있다.

❸ 信用卡公司提供24小时服务，客户可以随时随地打客户热线。

카드사가 24시간 서비스를 제공하므로 고객은 언제 어디서나 고객 핫라인에 전화할 수 있다.

❹ 这个智能手机太好了，我可以随时随地拍照。

내가 언제 어디서든 사진을 찍을 수 있어서 이 스마트폰이 너무 좋다.

4 与此同时　이와 동시에

❶ 我们坚信，我们可以为所有地方的所有人提供真正的顶级在线课程，不论其社会地位如何或者收入多少；与此同时，我们也力图改善学校教育质量。

우리는 모든 지역의 모든 사람들에게 그들의 사회적 지위가 어떠하든 수입이 얼마이든 상관없이 진정한 최고 수준의 온라인 수업을 제공할 수 있음을 믿어 의심치 않는다. 이와 동시에 우리는 학교 교육의 질을 개선하는 데에도 힘쓸 것이다.

❷ 欧洲央行会重新评估风险，但与此同时不会自动停止紧急流动性援助。

유럽 중앙은행은 리스크를 재평가할 수는 있지만 이와 동시에 긴급 유동성 지원을 자동으로 중단하지는 않을 것이다.

❸ 中国的英语教育近年来取得了很大成绩。与此同时，在这方面也还存在着一些问题。

중국의 영어 교육은 최근 몇 년 새 많은 성과를 거두었다. 그러나 이와 동시에 이 분야는 아직까지 일부 문제점도 존재한다.

❹ 很多非洲移民来到欧洲定居，与此同时，来自亚洲的移民也有所增加。

많은 아프리카 이민자들이 유럽에 와서 정착했고, 그와 동시에 아시아에서 온 이민자들도 어느 정도 증가했다.

5 侃侃而谈 당당하고 차분하게 말하다, 입심 좋게 말하다

❶ 演讲比赛中，选手们个个都是侃侃而谈，评委们不断地点头。
웅변대회에서 참가자들이 저마다 당당하고 차분하게 말하자 심사 위원들은 계속 고개를 끄덕였다.

❷ 王老师说话的时候，总是侃侃而谈，让人敬佩。
왕 선생님은 말을 할 때 늘 당당하고 차분해서 사람들의 감탄을 자아낸다.

❸ 他平日一向沉默寡言，想不到在辩论会上竟侃侃而谈，令人大吃一惊。
그는 평소에 늘 과묵한데 뜻밖에도 토론장에서 당당하게 이야기를 잘 해서 사람들이 깜짝 놀랐다.

❹ 总是侃侃而谈的人，不一定有真才实学。
늘 당당하게 말을 잘 하는 사람이라고 해서 반드시 진정한 재능과 학식이 있는 것은 아니다.

*沉默寡言 chénmò guǎyán 입이 무겁고 말이 적다

6 兴趣盎然 흥미진진하다

❶ 他每天坐在宿舍里，看着视频上的美国教授和十几个学生或侃侃而谈、或激烈争论，时不时提交自己的见解，学得兴趣盎然。
그는 매일 기숙사에 앉아 동영상 속의 미국 교수와 10여 명의 학생들이 차분하게 얘기를 나누거나 격렬하게 논쟁을 하는 모습을 보면서 수시로 자신의 의견을 제기하며 흥미진진하게 공부할 수 있었다.

❷ 张老师讲课总是生动有趣，使每个学生听得兴趣盎然。
장 선생님의 강의는 항상 생동감 있고 재미있어서 모든 학생들이 흥미진진하게 듣는다.

❸ 很多人在会议结束后没有离开，仍在兴趣盎然地问李教授问题，并与他合影。
많은 사람들이 회의가 끝난 후에도 떠나지 않고 여전히 흥미를 가지고 이 교수에게 질문을 하고 그와 사진을 찍었다.

❹ 他特别喜欢网球，一谈到网球马上就兴趣盎然。
그는 특히 테니스를 좋아해서 테니스 얘기만 나오면 바로 흥미진진해한다.

7 刮目相看 　괄목상대하다, 새로운 안목으로 대하다

'刮目'은 '눈을 비비다'의 뜻이다.

❶ 当时年方十五岁的巴图辛在这门课上成绩优异，让麻省理工学院刮目相看，向他发出了入学通知书。

당시 갓 15세였던 바투시는 이 수업에서 탁월한 성적을 보여, MIT에서 그를 눈여겨보고 입학 통지서를 보냈다.

❷ 他最近出了几本十分畅销的书，这使得很多人对他刮目相看。

그는 최근에 베스트셀러 몇 권을 냈는데, 이로 인해 많은 사람들이 그를 괄목상대했다.

❸ 另一名来自伦敦的学生说："只要我一说我在学汉语，人们就会对我刮目相看。"

런던 출신의 또 다른 학생은 "내가 중국어를 배우고 있다고 말하기만 해도 사람들은 나를 다시 보게 될 것이다."라고 말했다.

❹ 小李出国留学三年归来，邻居对他都刮目相看。

샤오리가 3년 동안의 해외 유학에서 돌아오자 이웃들이 그를 다시 보게 되었다.

*畅销 chàngxiāo 잘 팔리다

3 어구와 문형

1 在于 `동사` ~에 있다

사물의 본질이 존재하고 있는 곳을 가리키거나 사물의 내용이 무엇인지를 나타낸다. 뒤에 명사, 동사, 절 등이 목적어로 오며, '了', '着', '过'를 첨가할 수 없고, 보어를 갖거나 중첩할 수 없다.

❶ 在比尔·盖茨看来，发展在线教育的必要性就在于"高等教育的成本很高，人们持续学习的需求也很强烈"。
빌 게이츠는 온라인 교육 발전의 필요성은 '고등 교육의 비용이 높고 사람들의 지속적인 학습에 대한 수요도 강렬하다.'는 데에 있다고 보았다.

❷ 这个城市的主要问题在于污染。
이 도시의 주요 문제는 오염에 있다.

❸ 一个人进步的关键在于内因。
한 사람이 발전할 수 있는가의 관건은 내적 요인에 있다.

❹ 人生的价值在于不断进取，不断进步。
인생의 가치는 끊임없는 노력과 끊임없는 발전에 있다.

❺ 问题在于没有人会相信她，所以没有人愿意帮助她。
문제는 그녀를 믿으려는 사람이 없어서 그녀를 도와주고자 하는 사람도 없다는 것이다.

❻ 教育的目的在于培养学生高贵的品德和人格。
교육의 목적은 학생들이 고매한 성품과 인격을 가지도록 배양하는 데 있다.

2 不论 `접속사` ~을 막론하고, ~든지

'无论'과 의미와 용법이 동일하며, 조건이나 상황이 달라지더라도 결과는 변함이 없음을 나타낸다. 보통 임의적인 것을 지시하는 의문대명사인 '谁', '什么', '怎么' 등이 후행하며, '都', '也', '总' 등과 같은 부사와 함께 사용한다.

❶ 我们坚信，我们可以为所有地方的所有人提供真正的顶级在线课程，不论其社会地位如何或者收入多少。
우리는 모든 지역의 모든 사람들에게 그들의 사회적 지위가 어떠하든 수입이 얼마이든 상관없이 진정한 최고 수준의 온라인 수업을 제공할 수 있음을 믿어 의심치 않는다.

❷ 不论是教师或者学生，都应该遵守学校的各项规章制度。
교사든 학생이든 간에 모두 학교의 각종 규정을 준수해야 한다.

❸ 不论你走到哪里，都别把我们这些同学忘了。
당신이 어디를 가든 우리의 이 학우들을 잊지 마세요.

❹ 不论你问谁，都得不到答案。
당신이 누구에게 묻든지 간에 답을 얻을 수 없다.

3 于(3) 전치사 ~로부터, ~에

동사 또는 동목구조 뒤에 쓰여 처소나 기원을 나타내는 문어 표현이다. '从', '在'의 쓰임과 유사하다.

❶ 哪些人已经受益于这种新型的教育方式呢？
어떤 사람들이 이러한 새로운 형태의 교육 방식으로부터 혜택을 받았을까?

❷ 他之所以有机会入读美国名校，完全得益于"慕课"。
그가 미국의 명문 대학에서 공부를 할 수 있는 기회를 가지게 된 것은 완전히 '무크' 덕분이다.

❸ 他一九八六年毕业于北京大学。
그는 1986년 베이징대학을 졸업했다.

❹ 我以为他这样做是出于自愿，其实是有人指使的。
나는 그가 이렇게 한 것은 자발적인 것이라고 생각했지만 사실은 누군가가 시킨 것이다.

❺ 北京市空气质量的改善得益于改用清洁能源、限制每日出行车辆，以及更新环保型公交车和出租车等。
베이징시의 공기 질 개선은 청정에너지로의 전환, 매일 운행하는 차량 제한, 친환경 버스와 택시로 교체 등에 힘입은 바 크다.

4 于是 접속사 그리하여, 이에

후행 사건이 선행 사건과 맞물려 일어남을 나타내며, 양자 사이에는 종종 인과 관계가 있다. '因此', '这就', '所以' 등과 비슷한 의미를 가지며, 일반적으로 후행절의 맨 앞에 온다.

❶ 中国山东大学生刘磊厌倦了死板的"老师念笔记，学生记笔记"的授课方式，于是就在他钟爱的"果壳网"的"慕课自习室"里选修了一门Udacity的生物课，因此拥有了肤色各异的两万多名同学。
중국 산둥의 대학생인 류레이는 '선생님이 필기한 것을 읽고, 학생이 필기를 하는' 틀에 박힌 수업 방식이 지겨워져 그가 즐겨 찾는 '궈커왕'의 '무크 자습실'에서 Udacity의 생물 수업을 수강하게 되었고, 피부색이 각기 다른 2만여 명의 학우들이 생겼다.

❷ 看看离开会的时间还早，于是我们决定去逛书店。
회의 시간까지는 아직 이른 것을 보고 우리는 서점을 둘러보기로 결정했다.

❸ 他身体不好，不能待下去了，于是我们便派人把他送回家去。
그가 건강이 좋지 않아서 계속 머물 수 없게 되자 우리는 그를 집으로 데리고 갈 사람을 보냈다.

❹ 眼看体弱的同学跟不上了，于是队长宣布休息。
체력이 약한 학우들이 따라오지 못하는 것을 보자 대장은 휴식을 선언했다.

5 之所以…… 관용구 ~한 이유는, ~한 까닭은

주로 문어에 쓰이며, 인과 관계를 나타내는 복문에서 첫 번째 절에 사용되어 결과를 나타내고, 후행하는 절에서 그 원인을 설명한다. 뒤에 동사성 혹은 형용사성 단어를 수반할 수 있고, 뒷 절에서 '是因为'와 호응한다.

❶ 他之所以有机会入读美国名校，完全得益于"慕课"。
그가 미국의 명문 대학에서 공부를 할 수 있는 기회를 가지게 된 것은 완전히 '무크' 덕분이다.

❷ 之所以你现在学习成绩不好，是因为以前你没有努力学习。
당신이 지금 학업 성적이 좋지 않은 이유는 이전에 열심히 공부하지 않아서이다.

❸ 我之所以错怪了你，是因为我不知道事情的起因。
내가 잘못 알고 너를 나무란 이유는 내가 일이 일어난 원인을 잘 몰랐기 때문이다.

❹ 我之所以有今天优秀的成绩，是与大家的热心帮助分不开的。
내가 지금의 우수한 성적을 거둘 수 있었던 것은 모두의 열정적인 도움과 밀접한 관계가 있다.

6 为(wéi)(1)　동사　~이다, ~한 셈이다, ~로서

주로 문어에 사용되며, 반드시 명사를 목적어로 취한다. 뒤에 '了', '着', '过'가 올 수 없고,
보어를 갖거나 중첩할 수 없다.

❶ 刚从美国回到清华大学的年轻学者徐葳，从伯克利大学带回了一门名为
　"云计算与软件工程"的在线课程。
　미국에서 칭화대학으로 막 돌아온 젊은 학자인 쉬웨이는 버클리대학에서 '클라우드와 소프트웨어 공학'이라는
　온라인 강좌를 가지고 왔다.

❷ 在波士顿参加这次中文演讲比赛的学生多为大学生。
　보스턴에서 이번 중국어 말하기 대회에 참가하는 학생들은 대부분 대학생이다.

❸ 同学们都认为他成熟稳重，有组织能力，推举他为班长。
　학우들 모두 그가 성숙하고 듬직하며 조직력이 있다고 생각하여 그를 반장으로 추천하였다.

❹ 这位知名企业家最近被任命为公司的董事长。
　이 유명 기업가가 최근에 회사의 회장으로 임명되었다.

扎克伯格清华秀中文

2014年10月22日下午，脸书的首席执行官马克·扎克伯格用出人意料的形式展示了他对中国的兴趣。他在北京清华大学的一个座谈会上用中文讲了大约半个小时。

"大家好。谢谢你们来这里。"他对听众说，"我很高兴来北京。我很爱这座城市。我的中文很糟糕，但是我每天学习中文。"，"我可能需要练习。"他在听众的欢笑声中补充道。他的中文远非完美，但他刚说了几个词后，在场的学生和老师就报以热烈的掌声和欢呼声。

当被问到为什么学中文时，扎克伯格解释道："第一，我太太是中国人。她在家说中文，她的奶奶只说中文。我想要跟她们说话。当我用中文告诉她奶奶我们要结婚时，她的奶奶非常吃惊。第二，中国是伟大的国家，所以我想学中文。第三，普通话很难，我一直说英文，但我喜欢挑战。"

此次到访清华，扎克伯格是以清华经管顾问委员会委员的身份来参加会议的。他说："我非常关心教育，我在美国做了很多支持教育的事情。我希望参加清华经管委员会，了解和支持中国的教育。"在和清华大学校长陈吉宁的交谈中，扎克伯格结合他的个人职业经历，分享了他对于人才培养的看法。他表示，大学应培养具有扎实的知识和较强的组织管理能力及领导力的创新人才。

扎克伯格访问北京坚持用中文与学生交流这一消息在中国和美国网民中引起了巨大反响。在中国，有人称赞他说："他能成功与他的才华、智慧和毅力分不开！很多老外觉得中文很难，而他做到了！"也有人则被他的苦心感动了："看了一段还是蛮感慨的，他应该比这个世界上99%的人都忙，依然还挤时间学习一门新的语言，而且还敢于在公开的场合使用，说明他的成功不是偶然的。"

　　微软创始人比尔·盖茨在2015年1月28日参加美国社交新闻社区的《有问必答》节目时表示：他对扎克伯格能够说中文表示惊讶和羡慕。他说："扎克伯格竟然学会了普通话并且能对中国学生提的问题进行回答——这简直难以置信。我觉得我很笨，我不会说外语。我在高中的时候曾经上过拉丁文和希腊文课，帮助我扩大了词汇量，但是我更期望我能够掌握法语、阿拉伯语或者中文。"讲一口流利中文的澳大利亚前总理陆克文也非常认同扎克伯格的表现，在署名"老陆"的微博上，他写到："更多的西方人应该向马克学习，来学中文，来了解中国，因为中国的未来是我们共同的未来。"

📖 본문의 내용에 근거하여 다음 문제에 대해 이야기해 보세요.

1. 扎克伯格为什么学习中文？他与你学习中文的目的一样吗？

2. 扎克伯格为什么来到清华大学？他对人才培养有什么看法？

3. 中国人对扎克伯格用中文谈话交流有什么反响？

4. 比尔·盖茨对扎克伯格说中文怎么看？他有什么样的外语学习经历？

5. 陆克文是谁？他为什么支持和鼓励西方人学中文？

1	出人意料	chūrényìliào	관용 예상 밖이다, 뜻밖이다
2	座谈会	zuòtánhuì	명 좌담회, 심포지엄
3	听众	tīngzhòng	명 청중
4	欢笑	huānxiào	동 즐겁게 웃다
5	完美	wánměi	형 매우 훌륭한, 완전무결의
6	掌声	zhǎngshēng	명 박수, 손뼉
7	欢呼	huānhū	동 환호하다
8	普通话	pǔtōnghuà	명 현대 중국어의 표준어
9	到访	dàofǎng	동 방문하다
10	经管	jīngguǎn	명 경영과 관리
11	顾问	gùwèn	명 자문, 고문
12	委员会	wěiyuánhuì	명 위원회
13	交谈	jiāotán	동 이야기를 나누다, 대화하다, 대담하다
14	扎实	zhāshi	형 탄탄한, 견고한, 견실한
15	网民	wǎngmín	명 네티즌
16	反响	fǎnxiǎng	명 반향, 메아리
17	才华	cáihuá	명 뛰어난 재능, 빛나는 재주
18	智慧	zhìhuì	명 지혜
19	毅力	yìlì	명 굳센 의지, 끈기
20	老外	lǎowài	명 외국인 [구어 표현]
21	苦心	kǔxīn	명 고심, 걱정, 성의, 노력
22	蛮	mán	부 어근 매우, 아주
23	敢于	gǎnyú	동 대담하게 ~하다, 선뜻 ~하다
24	场合	chǎnghé	명 장소, 상황
25	偶然	ǒurán	형 우연히
26	创始人	chuàngshǐrén	명 창립자, 창업자, 설립자
27	有问必答	yǒuwènbìdá	관용 모든 질문에 답하다
28	竟然	jìngrán	부 뜻밖에도, 의외로
29	简直	jiǎnzhí	부 그야말로, 전혀
30	难以置信	nányǐzhìxìn	관용 믿을 수 없다, 믿기 힘들다
31	高中	gāozhōng	명 고등학교
32	拉丁文	Lādīngwén	명 라틴어

33	希腊文	Xīlàwén	몡 그리스어
34	词汇	cíhuì	몡 어휘
35	阿拉伯语	Ālābóyǔ	몡 아랍어
36	署名	shǔ//míng	동 서명하다, 기명하다
37	微博	wēibó	몡 웨이보, 미니 블로그 ['微型博客'의 준말]

고유명사

1	马克·扎克伯格	Mǎkè Zhākèbógé	인명 마크 저커버그(Mark Zuckerberg)
2	清华	Qīnghuá	칭화대학 ['清华大学'의 준말]
3	脸书	Liǎnshū	페이스북(Facebook)
4	陈吉宁	Chén Jíníng	인명 천지닝
5	微软	Wēiruǎn	마이크로 소프트(Microsoft)
6	陆克文	Lù Kèwén	인명 루커원 [케빈 마이클 러드(Kevin Michael Rudd)의 중국 이름]

FAIR PLAY
DOPING

5

奥运会与兴奋剂

올림픽과 도핑

🎧 5—1

奥运会与兴奋剂

　　随着1896年现代奥林匹克运动的兴起，兴奋剂就成为与之共生的"肿瘤"。参加奥运比赛的选手使用兴奋剂的历史可以说是"源远流长"。现代奥运史上最早的服用兴奋剂的事件发生在1904年的美国圣路易斯第三届现代奥林匹克运动会上。当年的马拉松比赛冠军是美籍英国人托马斯·希克斯。在比赛过程中，他的教练一直拿着注射器跟随着他。当希克斯精疲力竭之时，教练给他注射了一针"士的宁"[1]，并给他喝下一大杯威士忌。这些都能帮助他增强体能或控制能力，提高比赛成绩。在体育比赛中服用兴奋剂，在近代和现代更为流行。自20世纪60年代初以来，国际奥林匹克委员会就一直坚持不懈地反对服用兴奋剂。可是，在2012年伦敦奥运会上又出现了12例兴奋剂丑闻。奥运会与兴奋剂在进行的是一场没有硝烟的战争，并且似乎看不到尽头。

　　奥运会的目的是通过体育运动增进各国的相互了解和友谊，从而建立一个更加美好的和平世界。但一些运动员却忘记了公平竞争的原则，为了得到更多的奖牌和奖金，服用了兴奋剂，结果却往往是被取消了所获得的奖牌和比赛的资格。另外，兴奋剂虽然能提高运动员的比赛成绩，但是会对他们的身体造成极大的伤害。这样的例子在奥运会的历史上举不胜举。1960年，丹麦自行车选手延森在罗马奥运会比赛中死亡，尸检证明他服用了苯丙胺、酒精和另一种扩张血管的药物；1967年，英国自行车运动员辛普森死于环法比赛途中，死时衣袋中还有未吃完的苯丙胺；1988年首尔奥运会后，田径运动员本·约翰逊因被查出使用了兴奋

---

❶ "士的宁"　스트리크닌(strychnine). 쓴맛과 독성이 강한 백색 결정의 중추 신경 흥분제로 위·장·방광의 아토니를 비롯하여 순환 장애·만성 식욕 부진 등을 완화하는 데 사용한다.

剂而被剥夺成绩并禁赛两年。他的两次世界纪录也被随之取消。2000年12月27日，马利昂·琼斯在悉尼奥运会上获得了五枚奖牌，被称为"女飞人"。但是，当查出她是靠服兴奋剂取得好成绩后，她被称为"体坛骗子"。2013年美国著名运动员兰斯·阿姆斯特朗称自己使用违禁药物，国际自行车联盟正式宣布了对他的处罚，包括终身禁赛、剥夺七个环法自行车赛冠军头衔。2014年1月，两位韩国男羽毛球运动员因为违反了羽联反兴奋剂条例，被处以禁赛一年的重罚。

在动画片《猫和老鼠》中，猫想抓住老鼠，和老鼠斗智斗勇。反兴奋剂和兴奋剂之间的斗争也像是猫捉老鼠。随着医学的发展，兴奋剂不断更新变化，越来越难以检测。在与兴奋剂这只"老鼠"的追逐中，反兴奋剂这只"猫"始终在追赶。为此，国际奥委会规定，参加奥运会选手的尿样或者是血样将在实验室存放八年。在这段时间里，专家们将进行各种化验来检测选手们是否服用了此前查不出来的违禁药物。

随着体育商业化的不断深入，参与体育运动所获得的利益也不断提高。在利益的驱使下，一些运动员不惜牺牲自己的前途和健康服用兴奋剂。2008年一项调查显示，在澳大利亚，几乎有三分之一的运动员表示会考虑使用兴奋剂提高成绩。由此看来，只要体育仍旧与荣耀、金钱相连，这场兴奋剂和反兴奋剂之间的斗争，就一天不会终止。

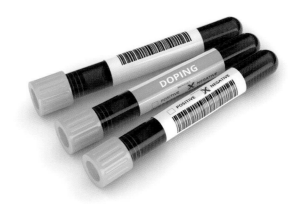

📃 본문의 내용에 근거하여 다음 문제에 대해 이야기해 보세요.

1. 为什么说兴奋剂是与奥运会共生的"肿瘤"？

2. 我们为什么要反兴奋剂？

3. 你觉得那些使用兴奋剂的人该不该受到处罚？
   该受什么样的处罚？

4. 为什么说反兴奋剂和兴奋剂之间的斗争就像是猫捉老鼠？

5. 你觉得运动员最终会完全停止使用兴奋剂吗？为什么？

生词 단어

1	兴奋剂	xīngfènjì	명 흥분제, 기능 향상 약물
2	共生	gòngshēng	동 공생하다
3	肿瘤	zhǒngliú	명 종양
4	选手	xuǎnshǒu	명 선수
5	史	shǐ	명 어근 역사
6	服用	fúyòng	동 (약을) 복용하다
7	马拉松	mǎlāsōng	명 마라톤
8	教练	jiàoliàn	명 코치
9	注射	zhùshè	동 주사하다
10	器	qì	어근 기구, 용기
11	跟随	gēnsuí	동 따르다, 뒤따르다
12	精疲力竭	jīngpí-lìjié	형 기진맥진한, 녹초가 된
13	威士忌	wēishìjì	명 위스키
14	体能	tǐnéng	명 체력, 몸의 운동 능력
15	近代	jìndài	명 근대
16	不懈	búxiè	형 게으르지 않은, 꾸준한
17	丑闻	chǒuwén	명 스캔들
18	尽头	jìntóu	명 끝, 막바지
19	增进	zēngjìn	동 증진하다, 증진시키다
20	各国	gèguó	명 각국
21	公平	gōngpíng	형 공평한, 공정한
22	奖牌	jiǎngpái	명 메달
23	奖金	jiǎngjīn	명 상금, 보너스
24	资格	zīgé	명 자격
25	尸检	shījiǎn	동 검시하다, 부검하다
26	酒精	jiǔjīng	명 알코올
27	血管	xuèguǎn	명 혈관
28	药物	yàowù	명 약물
29	途	tú	어근 방법, 길
30	衣袋	yīdài	명 옷의 주머니, 호주머니
31	田径运动员	tiánjìng yùndòngyuán	육상 선수
32	剥夺	bōduó	동 박탈하다, 빼앗다

33	禁赛	jìnsài	동 (운동 경기) 출전을 금지하다
34	纪录	jìlù	명 기록
35	枚	méi	양 매, 개 [주로 작은 조각으로 된 사물을 세는 단위]
36	飞人	fēirén	명 인간새, 인간탄환
37	体坛	tǐtán	명 체육계, 스포츠계
38	骗子	piànzi	명 사기꾼
39	违禁	wéijìn	동 수식 금지법을 위반하다
40	联盟	liánméng	명 연맹
41	头衔	tóuxián	명 직함, 타이틀
42	条例	tiáolì	명 조례, 규칙
43	罚	fá	동 처벌하다, 벌하다
44	动画片	dònghuàpiàn	명 애니메이션, 만화 영화
45	抓住	zhuāzhù	동 잡다
46	斗	dòu	동 싸우다, 다투다
47	智	zhì	명 어근 지력, 지혜, 슬기
48	勇	yǒng	명 어근 용기
49	更新	gēngxīn	동 갱신하다
50	检测	jiǎncè	동 테스트하다, 검사하다
51	追逐	zhuīzhú	동 뒤쫓다, 쫓고 쫓기다
52	追赶	zhuīgǎn	동 뒤쫓다, 추격하다
53	尿	niào	명 소변 동 소변을 보다
54	血样	xuèyàng	명 혈액 샘플
55	实验室	shíyànshì	명 실험실
56	存放	cúnfàng	동 저장하다, 두다
57	化验	huàyàn	동 화학 실험하다
58	此前	cǐqián	명 이전
59	驱使	qūshǐ	동 추진하다, 부추기다
60	不惜	bùxī	동 아끼지 않다
61	仍旧	réngjiù	부 아직, 여전히
62	荣耀	róngyào	명 영광, 부귀영화
63	相连	xiānglián	동 서로 연결되다
64	终止	zhōngzhǐ	동 중지하다, 멈추다

96

1	奥林匹克	Àolínpǐkè	올림픽
2	奥运	Àoyùn	올림픽 대회 ['奥林匹克运动会'의 준말]
3	圣路易斯	Shènglùyìsī	지명 세인트루이스(Saint Louis)
4	托马斯·希克斯	Tuōmǎsī Xīkèsī	인명 토마스 힉스(Thomas Hicks)
5	士的宁	Shìdìníng	스트리크닌(strychnine)
6	奥林匹克委员会	Àolínpǐkè Wěiyuánhuì	올림픽 위원회
7	延森	Yánsēn	인명 엔센(Jensen)
8	罗马	Luómǎ	지명 로마(Rome)
9	苯丙胺	Běnbǐng'àn	암페타민(amphetamine)
10	辛普森	Xīnpǔsēn	인명 심슨(Simpsons)
11	首尔	Shǒu'ěr	지명 서울
12	本·约翰逊	Běn Yuēhànxùn	인명 벤 존슨(Ben Johnson)
13	马利昂·琼斯	Mǎlì'áng Qióngsī	인명 매리언 존스(Marion Jones)
14	悉尼	Xīní	지명 시드니(Sydney)
15	兰斯·阿姆斯特朗	Lánsī Āmǔsītèlǎng	인명 랜스 암스트롱(Lance Armstrong)
16	韩国	Hánguó	국명 한국
17	羽联	Yǔlián	배드민턴 연맹
18	奥委会	Àowěihuì	올림픽 위원회 ['奥林匹克委员会'의 준말]

词语注释 ^{표현 해설}

❶ 형태소

1 －剂 : 제제

> 예 兴奋剂 흥분제 | 杀虫剂 살충제 | 灭火剂 소화제 | 润滑剂 윤활제 | 洗洁剂 세제 | 洗发剂 샴푸

2 －器 : 도구, 기구

> 예 注射器 주사기 | 灭火器 소화기 | 消音器 소음기 | 武器 무기 | 木器 목기 | 金器 금기 | 银器 은기 | 瓷器 자기

3 －物 : 물건

> 예 药物 약물 | 衣物 의복과 일상용품 | 遗物 유물, 유품 | 食物 음식물 | 财物 재물, 재산 | 读物 읽을거리 | 动物 동물 | 怪物 괴물 | 废物 폐품, 쓸모없는 놈

4 －牌 : 판, 간판, 패

> 예 奖牌 상패, 메달 | 广告牌 광고판 | 门牌 문패 | 路牌 도로 표지 | 指示牌 표지판 | 木牌 목패

5 －坛 : -계, -단, 영역, 분야

> 예 文坛 문단 | 影坛 영화계 | 诗坛 시단 | 体坛 체육계, 스포츠계 | 舞坛 무용계 | 政坛 정계

6 －手 : 어떤 기능이나 기술을 가진 사람

> 예 选手 선수 | 水手 선원 | 舵手 키잡이, 조타수 | 助手 조수 | 棋手 기사, 바둑이나 장기를 두는 사람 | 旗手 기수, 선구자 | 骑手 기수, 말을 잘 타는 사람 | 射手 사수, 골게터 | 杀手 자객 | 歌手 가수

❷ 성어와 숙어

❶ 源远流长 역사가 유구하다

❶ 参加奥运比赛的选手使用兴奋剂的历史可以说是"源远流长"。
올림픽에 참가한 선수들이 흥분제를 사용한 도핑의 역사는 '유구하다'고 할 수 있다.

❷ 中国和韩国互为近邻，文化相近，人民相亲，人文交流源远流长。
중국과 한국은 서로 이웃한 국가로 문화가 비슷하고, 국민들이 서로 친근하며, 사람과 문화 교류의 역사가 유구하다.

❸ 中华饮食文化源远流长，各地的饮食也自成特色。
중국의 음식 문화는 역사가 유구하며 각지의 음식도 제각기 특색을 가지고 있다.

❹ 端午节包粽子、赛龙舟是源远流长的文化习俗，至今仍在民间广泛流行。
단오절에 쭝쯔를 만들고, 용선놀이를 하는 것은 역사가 오래된 문화 풍습으로 지금까지도 민간에서 널리 유행하고 있다.

*粽子 zòngzi 종려나무 잎에 찹쌀과 대추 등을 넣어어 찐 중국 단오절의 전통 음식. 전국 시대 초(楚)나라의 굴원을 추모하기 위해 만들어졌다고 전해진다.

❷ 精疲力竭 기진맥진하다, 녹초가 되다

❶ 当希克斯精疲力竭之时，教练给他注射了一针"士的宁"，并给他喝下一大杯威士忌。
힉스가 녹초가 됐을 때 코치는 그에게 '스트리크닌'을 주사하고, 위스키 한 잔을 마시게 했다.

❷ 上班族完成一天的工作后，常常是精疲力竭。
직장인은 하루의 업무를 끝내고 나면 늘 녹초가 되곤 한다.

❸ 比赛后，他精疲力竭地躺在地上起不来。
시합 후에 그는 기진맥진하여 바닥에서 일어나지 못했다.

❹ 负伤的狮子逃亡四十个小时，最后精疲力竭，被猎人打死了。
부상당한 사자는 40시간 동안 도망 다니다가 결국은 탈진하여 사냥꾼에게 총을 맞아 죽었다.

3 坚持不懈　조금도 나태하지 않고 꾸준하다

'懈'는 '느슨하다', '태만하다', '나태하다'의 의미이다.

① 国际奥林匹克委员会就一直坚持不懈地反对服用兴奋剂。

국제 올림픽 위원회는 도핑에 꾸준히 반대해왔다.

② 前新加坡领导人李光耀也曾坚持不懈地学习汉语，直到90高龄还保持着学习汉语的习惯。

리콴유 전 싱가포르 총리 역시 꾸준히 중국어를 공부했었는데, 90세의 고령에 이르러서도 여전히 중국어를 공부하는 습관을 유지했다.

③ 中国长期以来一直坚持不懈地帮助非洲人民。

중국은 오랫동안 꾸준히 아프리카인들을 도와왔다.

④ 想要有健康的身体，健康的饮食和坚持不懈的运动缺一不可。

건강한 신체를 가지고자 한다면 건강한 식습관과 꾸준한 운동 중 하나라도 부족하면 안 된다.

4 斗智斗勇　지혜와 용기를 겨루다

'斗'는 '겨루다', '싸우다'를 뜻하고, '智'는 '지혜', '슬기'를 뜻하며, '勇'은 '용기'를 뜻한다.

① 在动画片《猫和老鼠》中，猫想抓住老鼠，和老鼠斗智斗勇。

애니메이션〈톰과 제리〉에서 제리를 잡고 싶어 하는 톰은 제리와 머리싸움을 한다.

② 商场的竞争也需要勇气和智慧，所以商战也常常要斗智斗勇。

비즈니스 상의 경쟁에도 대범함과 전술이 필요하므로 비즈니스 전쟁 역시 항상 대범함과 전술을 겨루게 된다.

③ 《三国志演义》是一部有名的中国历史小说，里面充满了政治和军事上的斗智斗勇。

《삼국지》는 중국의 유명 역사소설로 그 속에는 정치 군사적으로 지혜와 용맹을 겨루는 내용이 가득하다.

④ 她在电视剧和电影中常常扮演间谍的角色，跟敌人斗智斗勇。

그녀는 드라마와 영화에서 종종 스파이 역할을 하며 적과 전략과 대범함을 겨루곤 한다.

3 어구와 문형

1 为(wéi)(2)　[동사] ~하다

접미사와 유사한 역할을 하며 일반적으로 문어에 쓰인다. 1음절 부사나 형용사가 '为'와 결합하면 '甚为', '更为', '极为', '大为', '深为', '颇为', '广为' 등과 같은 단어가 되어 2음절 형용사 혹은 동사를 수식한다.

❶ 在体育比赛中服用兴奋剂在近代和现代更为流行。
스포츠 경기에서의 도핑은 근대와 현대에 더 유행했다.

❷ 爱因斯坦和乔布斯在科学界的地位极为重要。
과학계에서 아인슈타인과 잡스의 지위는 지극히 중요하다.

❸ Lady gaga的歌在世界上广为流传。
레이디 가가의 노래는 세계적으로 널리 알려져 있다.

❹ 市民对政府的新政策颇为不满。
시민들은 정부의 신정책에 상당히 불만이다.

2 因……而……　[관용구] ~때문에 ~하다

인과 관계를 나타낸다. '因' 뒤에 오는 부분은 원인을 설명하고, '而' 뒤에 오는 부분은 결과를 설명한다.

❶ 田径运动员本·约翰逊因被查出使用了兴奋剂而被剥夺成绩并禁赛两年。
육상 선수 벤 존슨은 도핑이 적발되어 성적을 박탈당하고 2년간 출전을 금지당했다.

❷ 她因健康状况不佳而被迫放弃了工作。
그녀는 건강이 좋지 않아 어쩔 수 없이 일을 포기했다.

❸ 他因跟同事不和而离开了公司。
그는 동료와의 불화로 인해 회사를 떠났다.

❹ 杭州和苏州因风景优美而闻名世界。
항저우와 쑤저우는 풍경이 아름다워 세계적으로 유명하다.

3 **随之** 관용구 **이에 따라**

'之'는 선행절에서 언급한 사물이나 상황을 가리킨다. '随之'는 후행절에 사용되어 뒤의 상황이 앞의 상황에 따라 생겼거나 변화가 일어났음을 설명한다.

❶ 本·约翰逊因被查出使用了兴奋剂而被剥夺成绩并禁赛两年。他的两次世界纪录也被随之取消。

벤 존슨은 도핑이 적발되어 성적을 박탈당하고 2년간 출전을 금지당했다. 이에 따라 그가 세운 두 차례의 세계 기록도 취소되었다.

❷ 炒股能赚钱，但高风险也随之而来。

주식 투기는 돈을 벌수 있지만 높은 리스크도 따른다.

❸ 大城市的房价越来越高，大学毕业生的压力也随之越来越重。

대도시의 집값이 갈수록 오르면서 대졸자의 스트레스도 점점 가중되고 있다.

❹ 互联网的发展给人们的生活带来了很多方便，但是其负面影响也随之出现。

인터넷의 발전은 사람들의 생활에 많은 편리함을 가져왔지만 그 부정적인 영향도 함께 출현했다.

4 **以** 전치사

주로 문어에 쓰이며, '1음절 동사+以'는 '수여'의 의미를 가진다. 예를 들면, '处以', '致以', '用以', '授以' 등이 있다.

❶ 2014年1月，两位韩国男羽毛球运动员因为违反了羽联反兴奋剂条例，被处以禁赛一年的重罚。

2014년 1월에는 한국 남자 배드민턴 선수 두 명이 배드민턴 연맹의 반도핑 규정을 어겨 1년간 자격 정지라는 중징계를 받기도 했다.

❷ 他向在战争中牺牲的士兵致以崇高的敬意。

그는 전쟁에서 희생된 병사들에게 숭고한 경의를 표했다.

❸ 政府将一部分资金用以改善城市公共交通。

정부는 자금의 일부를 도시의 대중교통 개선에 사용할 것이다.

❹ 他被授以博士学位。

그는 박사학위를 수여받았다.

5 只要……就…… 　접속사 ~하기만 하면 ~할 것이다

필요조건을 나타낸다. '只要'는 주어의 앞 혹은 뒤에 올 수 있고, 이때 '只要' 뒤에 오는 조건은 유일한 조건이 아니다.

❶ 由此看来，只要体育仍旧与荣耀、金钱相连，这场兴奋剂和反兴奋剂之间的斗争，就一天不会终止。
　이로 볼 때, 스포츠가 부귀영화, 금전과 연결되어 있는 한 도핑과 반도핑의 싸움은 하루아침에 끝나지 않을 것이다.

❷ 每个星期你只要运动两天，就能保持身体健康。
　매주 이틀만 운동해도 신체의 건강을 유지할 수 있다.

❸ 广告说："只要一美元，你就能买到喜欢的比萨。"
　광고에서 "1달러면 좋아하는 피자를 살 수 있어요."라고 말했다.

❹ 在一些大城市，由于排水系统不太好，只要一下暴雨，在街上就能"看海"。
　일부 대도시는 배수 시스템이 그다지 좋지 못해서 폭우가 쏟아지기만 하면 거리는 '물바다'가 된다.

现代人和慢运动

现代人爱把"放空"二字挂在嘴边。总想暂时放开工作和生活的烦恼，好好休息一阵子，让心灵沉淀。但现实又总是让"放空"的愿望显得奢侈。放慢生活，是想在生活中找到平衡。运动同样如此。德国科学家说，运动的真正目标不是为了更疲惫，而是更健康。

慢运动指的是一些强度较小、节奏较慢、适宜长期练习的休闲体育项目，比如瑜伽、太极拳、射箭、棋牌、散步等。上海交通大学教授赵文杰告诉记者，现代人普遍工作压力大、生活节奏快，对运动的态度有两种：要么不运动，要么拼命运动。他们平时缺乏规律性锻炼，强度太大的运动容易造成运动损伤。慢运动既是一种方式，也是一种理念。慢运动还可以跟生活相结合，比如说园艺、木工，都是一种运动。时下，很多年轻人喜欢射箭、钓鱼等休闲体育活动。工作中可能表现得风风火火，但选择的运动却需要静心和耐心，这也是一种通过运动改善性格的途径。对于那些处事不够冷静沉着，易冲动急躁的人来说，静态的慢运动不会带来情绪的波动，有助于增强自我控制能力。

早在上世纪80年代，著名企业家马云就痴迷于打太极拳和下围棋。从太极拳到围棋，这位商界精英对体育项目的选择可谓独树一帜。马云关于太极拳的感悟是："人要活得长，要少动；要活得好，要多动。人生和公司一样，要想活得又长又好，就得练太极拳，慢慢动。"他所经营的互联网公司节奏运转极快，而太极拳讲究快慢张弛，所以马云试图通过太极文化消除同事们内心的焦躁，把太极拳规定为阿里巴巴的内训项目。员工们对此反响热烈。成功的企业家需要有好的身体，还要有开阔的思路。对马云而言，练习太极拳的重要目的是为了调节生活节奏。太极拳不倡导主动进攻，四两拨千斤的意境启示着马云的理念："不管别人如何，外面如何，你只需专心把自己的事做好就行。在这个浮躁的现代社会中，我希望人能够静下来，慢下来，在慢中体会快的道理。"从太极拳和围棋中，马云参悟最深的是"时机"二字，连他自己都承认，阿里的成功很大程度上归功于此二字。"太极拳带给我最大的收获是哲学上的思考，所谓物极必反。一个企业也是这样，你要控制节奏，懂得什么时候该动，什么时候不该动。"

由此看来，慢运动既是一种运动方式，也是一种理念。它可以帮助人们排解烦恼，达到身心平衡，让人们收获心灵的宁静和身体的健康。

📰 본문의 내용에 근거하여 다음 문제에 대해 이야기해 보세요.

1. 什么是"放空"？现代人为什么需要"放空"自己？

2. 什么是慢运动？哪些运动属于慢运动？

3. 慢运动如何与生活相结合？慢运动对改善人的性格有什么帮助？

4. 太极拳与商业经营有什么相似之处？太极拳和围棋给马云带来了哪些思考？

5. 你自己喜欢慢运动吗？你同意马云的观点吗？为什么？

1	放空	fàngkōng	동 멍때리다, 멍해지다
2	烦恼	fánnǎo	형 우울한, 걱정스러운, 고민되는
3	一阵子	yízhènzi	명 한동안
4	心灵	xīnlíng	명 마음, 정신, 영혼
5	沉淀	chéndiàn	동 가라앉다, 침전되다
6	奢侈	shēchǐ	형 사치스러운
7	疲惫	píbèi	형 몹시 피로한, 피곤한
8	适宜	shìyí	형 적합한, 적당한
9	休闲	xiūxián	명 레저
10	瑜伽	yújiā	명 요가
11	太极拳	tàijíquán	명 태극권
12	射箭	shèjiàn	명 양궁
13	棋	qí	명 체스, 보드게임
14	要么	yàome	접 ~하든지, 아니면 ~하든지
15	损伤	sǔnshāng	명 손상, 부상, 상처
16	园艺	yuányì	명 원예
17	木工	mùgōng	명 목공
18	时下	shíxià	명 요즘, 지금, 현재
19	风风火火	fēngfēnghuǒhuǒ	형 활동적이고 기운찬 모양
20	静心	jìngxīn	동 마음을 가라앉히다, 진정하다
21	处事	chǔ//shì	동 일을 처리하다, 업무를 처리하다
22	冷静	lěngjìng	형 냉정한, 침착한
23	沉着	chénzhuó	형 침착한
24	急躁	jízào	형 성급한, 초초해 하는, 조급한
25	静态	jìngtài	명 정태, 정적인 상태
26	波动	bōdòng	동 기복이 있다, 오르내리다, 흔들리다, 동요하다
27	有助	yǒuzhù	동 도움이 되다
28	痴迷	chīmí	동 푹 빠지다, 열중하다, 사로잡히다
29	围棋	wéiqí	명 바둑
30	商界	shāngjiè	명 상업계, 비즈니스계
31	可谓	kěwèi	동 ~라고 할 수 있다

32	独树一帜	dúshù-yízhì	관용 일가견이 있다, 독보적이다, 독자적으로 한 파를 형성하다
33	感悟	gǎnwù	동 깨닫다, 느끼다
34	人生	rénshēng	명 인생
35	运转	yùnzhuǎn	동 회전하다, 돌다, 운행하다
36	讲究	jiǎngjiu	동 중시하다, ~에 신경 쓰다
37	弛	chí	동 어근 느슨해지다
38	太极	tàijí	명 태극
39	内心	nèixīn	명 마음, 마음속, 속내
40	焦躁	jiāozào	형 초조한
41	训	xùn	동 훈련하다, 훈계하다
42	员工	yuángōng	명 직원
43	开阔	kāikuò	형 탁 트인 동 탁 트이다
44	调节	tiáojié	동 조절하다
45	倡导	chàngdǎo	동 앞장서서 제창하다, 선도하다
46	拨	bō	동 움직이다, 밀다 양 무리, 떼
47	意境	yìjìng	명 예술적 의미, 경지
48	参悟	cānwù	동 깨닫다
49	时机	shíjī	명 시기, 기회
50	归功	guīgōng	동 공로를 ~로 돌리다, ~덕분이다
51	物极必反	wùjí-bìfǎn	관용 사물이 극에 달하면 반드시 반전한다
52	排解	páijiě	동 해소하다, 해결하다
53	身心	shēnxīn	명 몸과 마음, 심신
54	宁静	níngjìng	형 안정된, 평온한

고유명사

1	上海交通大学	Shànghǎi Jiāotōng Dàxué	상하이교통대학
2	赵文杰	Zhào Wénjié	인명 자오원제
3	马云	Mǎ Yún	인명 마윈
4	阿里巴巴	Ālǐbābā	알리바바(Alibaba)
5	阿里	Ālǐ	알리바바(Alibaba) ['阿里巴巴'의 준말]

6

道德还是自由：
美国堕胎合法化之争

도덕인가 자유인가: 미국 낙태 합법화 논쟁

道德还是自由：美国堕胎合法化之争

堕胎到底是违背道德准则还是维护自由权利？这是美国人永恒的话题。一般而言，民主党和持自由主义观点的人认同堕胎行为的合理性；而共和党和保守主义者则认为，堕胎行为无异于谋杀，是不道德的。来自南方保守势力大本营的布什在任内推动了禁止晚期堕胎的立法，但民主党人奥巴马一上台，就开始清算布什的政策。近年来，围绕堕胎合法化的争论愈演愈烈。

南达科他州州长签署禁止堕胎的法令

南达科他州州长迈克·朗兹2006年3月6日签署了一项禁止堕胎的法案。这项法律禁止州内几乎所有的堕胎行为，甚至包括受害人被强奸或乱伦而导致的怀孕。唯一的例外是孕妇的生命受到了威胁，否则，实施堕胎手术的医生就被视为违法，最高可判处五年监禁。身为共和党人的朗兹州长在签署法案后发表了一份书面声明称："在世界历史上，对于文明的真正考验是看人们怎样对待社会上最弱势和无助的群体。这项法案的发起者和支持者们相信，堕胎是错误的，因为未出世的孩子是我们社会中最弱势也是最无助的人。我认同他们的意见。"这项法案与1973年美国联邦最高法院认定堕胎合法的"罗诉韦德案"[1]划时代判决背道而驰。经营南达科他州唯一堕胎诊所的"家庭计划联盟"称，这项法律"悍然违

---

[1] **"罗诉韦德案"** '로 대 웨이드 사건(Roe v. Wade, 410 U.S. 113, 1973년)'은 헌법에 기초한 사생활의 권리가 낙태의 권리를 포함하는지에 관한 미국 대법원의 가장 중요한 판례이다. 미국 연방 대법원은 여성은 임신 후 6개월까지 임신 중절을 선택할 헌법상의 권리를 가진다고 판결하였다.

宪"，极其危险，而且得不到大多数美国人的支持。该组织表示，他们将采取一切必要手段——不管是提起联邦诉讼或是发动南达科他州全民公投，来废止这项法律。

医生乔治·蒂勒遭人枪杀

2009年5月31日，因提供晚期堕胎而颇具争议性的美国医生乔治·蒂勒在堪萨斯州堪萨斯城遭人枪杀。蒂勒当年67岁，他不仅坚持做堕胎手术，还为怀孕20周以上的孕妇做晚期堕胎手术，是美国少数几个坚持做晚期堕胎手术的医生之一。正因如此，蒂勒一直是反堕胎人士的主要攻击目标之一。他的诊所门前经常有反堕胎组织举行大规模抗议活动，一些反堕胎者也常常在他居住的社区发放传单。此前，蒂勒已遭到数次攻击。枪杀事件发生后，美国反堕胎组织也发表声明对枪杀行为表示谴责，称他们希望用合法的手段来击倒蒂勒。奥巴马总统对该事件感到震惊及愤怒，他的声明写道："无论美国人在像堕胎这样的富有争议的问题上分歧有多大，都不应该用暴力这样恶劣的行动来解决争端。"

1973年的"罗诉韦德案"

对美国而言，堕胎到底应不应该合法化一直是各州争论不休的论题。最近一项民调显示，过半数的美国人都认为应该将堕胎合法化，但同样有过半数者认为这是道德犯罪。1973年的"罗诉韦德案"跟60年代发生的两件事有密切关系，使得人们更加倾向于将堕胎合法化。

1962年，一个叫谢里·芬克拜的妇女，发现自己怀孕两个月了，但她曾不慎服用过会导致胎儿畸形的镇静药，于是她寻求堕胎，并取得了医院审查委员会的同意。然而消息公布后，州检察官扬言要将她逮捕，于是医生不得不放弃了手术。谢里·芬克拜不得不专程前往瑞典做手术。此一事件将堕胎问题的辩论推进到一个新的层面：如果剥夺胎儿的生存权利是不道德的，那么我们应不应该为了坚守这种道德意识，而将明明有问题的胎儿也生下来？

另一件事则是，1966年旧金山流行麻疹，很多人都被感染了。这种麻疹的并发症有可能导致孕妇死亡以及胎儿的先天性畸形。于是当地的21名医生不顾禁令，为感染麻疹的孕妇做了堕胎手术，结果遭到逮捕。此事经新闻报道后，引发了更多人对禁止堕胎的不满。

终于，在1973年1月22日联邦最高法院对"罗诉韦德案"的判决中，将堕胎合法化。

📑 본문의 내용에 근거하여 다음 문제에 대해 이야기해 보세요.

1. 对待堕胎问题，美国的民主党和共和党的观点有什么不同？

2. 支持堕胎和反对堕胎的各方各自的理由是什么？

3. 你支持堕胎还是反对堕胎？为什么？

4. 如果一个妇女由于被强奸而导致怀孕或者由于用药导致胎儿畸形，那么这个妇女有没有权利堕胎？为什么？

5. 1973年的"罗诉韦德案"最终判决是什么？这个判决跟两个什么样的事件有关系？

生词 단어

1	堕胎	duò//tāi	동 낙태하다
2	永恒	yǒnghéng	형 영원한, 영속적인
3	自由主义	zìyóu zhǔyì	자유주의
4	主义	zhǔyì	명 ~주의, 체계적인 교리나 이론
5	无异	wúyì	동 다르지 않다, 똑같다
6	大本营	dàběnyíng	명 본거지, 근거지, 베이스캠프
7	晚期	wǎnqī	명 말기
8	上台	shàng//tái	동 무대에 오르다, 출연하다, 정권을 잡다
9	清算	qīngsuàn	동 청산하다, 깨끗이 결산하다, 뿌리 뽑다
10	愈演愈烈	yùyǎn-yùliè	관용 일이 더욱 심각해지다, 일이 점점 틀어지다
11	州长	zhōuzhǎng	명 주지사
12	签署	qiānshǔ	동 정식으로 서명하다, 조인하다
13	强奸	qiángjiān	동 강간하다, 성폭행하다
14	乱伦	luànlún	동 근친상간을 하다
15	怀孕	huái//yùn	동 임신하다
16	孕妇	yùnfù	명 임산부
17	视	shì	어근 보다, 간주하다
18	违法	wéi//fǎ	동 위법하다, 법을 어기다
19	判处	pànchǔ	동 판결을 내리다, 선고하다
20	监禁	jiānjìn	동 구금하다, 감옥에 가두다
21	书面	shūmiàn	명 서면
22	考验	kǎoyàn	명 시험, 시련 동 시험하다, 검증하다
23	弱势	ruòshì	형 약세의, 약해지는 추세인
24	无助	wúzhù	형 ~에 도움이 되지 않는
25	发起	fāqǐ	동 제창하다
26	出世	chūshì	동 출생하다, 세상에 나오다
27	认定	rèndìng	동 확신하다, 인정하다
28	划时代	huàshídài	형 새로운 시대를 여는, 획기적인
29	背道而驰	bèidào'érchí	관용 방향·목표가 완전히 상반되다, 배치되다
30	诊所	zhěnsuǒ	명 진료소
31	悍然	hànrán	부 뻔뻔하게, 서슴없이, 노골적으로
32	违	wéi	어근 거스르다, 위반하다

33	宪	xiàn	어근 헌법, 법률, 법령
34	或是	huòshì	접 혹은
35	全民	quánmín	명 전 국민
36	公投	gōngtóu	명 국민 투표
37	废止	fèizhǐ	동 폐지하다
38	颇	pō	부 상당히, 매우, 꽤
39	抗议	kàngyì	동 항의하다
40	居住	jūzhù	동 거주하다
41	发放	fāfàng	동 발급하다, 방출하다, 지급하다
42	传单	chuándān	명 전단지
43	谴责	qiǎnzé	동 비난하다, 꾸짖다, 견책하다
44	富有	fùyǒu	동 풍부하다, 충만하다　형 부유한
45	恶劣	èliè	형 아주 나쁜, 비열한, 악렬한
46	争端	zhēngduān	명 쟁점, 분쟁의 실마리
47	不休	bùxiū	부 멈추지 않는, 끊임없는
48	论题	lùntí	명 논제
49	民调	míndiào	명 여론 조사
50	合法化	héfǎhuà	동 합법화하다
51	慎	shèn	명 어근 조심, 주의
52	胎儿	tāi'ér	명 태아
53	镇静	zhènjìng	형 침착한, 차분한, 냉정한
54	审查	shěnchá	동 심사하다, 심의하다
55	检察官	jiǎncháguān	명 검사
56	扬言	yáng//yán	동 떠벌리다, 큰소리치다
57	逮捕	dàibǔ	동 체포하나
58	专程	zhuānchéng	부 특별히, 전적으로
59	前往	qiánwǎng	동 가다, ~를 향하여 가다
60	推进	tuījìn	동 추진하다, 밀고 나가다, 앞으로 나아가다
61	坚守	jiānshǒu	동 굳게 지키다, 고수하다
62	明明	míngmíng	부 분명히, 의심할 여지없이
63	麻疹	mázhěn	명 홍역
64	并发症	bìngfāzhèng	명 합병증

65	不顾	búgù	동 감안하지 않다, 아랑곳하지 않다
66	不满	bùmǎn	형 만족스럽지 못한, 불만족스러운

고유명사

1	南达科他	Nándákētā	지명 사우스다코타 [미국 중서부의 주]
2	迈克·朗兹	Màikè Lǎngzī	인명 마이크 라운즈(Mike Rounds)
3	罗诉韦德案	Luó Sù Wéidé Àn	로 대 웨이드 사건
4	乔治·蒂勒	Qiáozhì Dìlè	인명 조지 틸러(George Tiller)
5	堪萨斯州	Kānsàsī Zhōu	지명 캔사스주
6	堪萨斯城	Kānsàsī Chéng	지명 캔사스시티(Kansas City)
7	谢里·芬克拜	Xièlǐ Fēnkèbài	인명 셰리 핑크바인(Sherri Finkbine)
8	瑞典	Ruìdiǎn	국명 스웨덴

词语注释 표현 해설

❶ 형태소

1 **一期** : 일정 기간

> 예 **晚期** 말기 ｜ **早期** 초기 ｜ **中期** 중기 ｜ **前期** 전기 ｜ **后期** 후기 ｜ **青春期** 사춘기 ｜ **婚期** 결혼 적령기 ｜ **预产期** 출산 예정일 ｜ **更年期** 갱년기 ｜ **学期** 학기 ｜ **假期** 휴가 기간 ｜ **暑期** 하기, 하계 ｜ **工期** 공기, 공사 기간 ｜ **汛期** 홍수기, 장마철 ｜ **花期** 꽃피는 시기, 개화기

2 **一人** : 특정 부류의 사람

> 예 **受害人** 피해자 ｜ **辩护人** 변호인 ｜ **代言人** 대변인 ｜ **发言人** 대변인, 발언자 ｜ **代理人** 대리인, 에이전트 ｜ **候选人** 후보자 ｜ **捐款人** 기부자 ｜ **收信人** 수신인 ｜ **创始人** 창설자, 창립인 ｜ **过来人** 경험자, 베테랑 ｜ **文化人** 문화인, 예술인 ｜ **读书人** 지식인, 학자 ｜ **自己人** 한편, 한 식구 같은 사람 ｜ **同路人** 길동무, 동반자 ｜ **陌生人** 낯선 사람

3 **反一** : 반대의, 반-

> 예 **反堕胎** 반낙태 ｜ **反战** 반전 ｜ **反革命** 반혁명 ｜ **反政府** 반정부 ｜ **反社会** 반사회 ｜ **反传统** 반전통 ｜ **反潮流** 조류에 역행하다 ｜ **反导弹** 대유도탄 ｜ **反科学** 반과학 ｜ **反作用** 반작용

4 **一形** : 형상

> 예 **畸形** 기형 ｜ **圆形** 원형 ｜ **方形** 사각 ｜ **三角形** 삼각형 ｜ **圆锥形** 원뿔형 ｜ **波形** 파형 ｜ **条形** 막대 모양 ｜ **图形** 도형 ｜ **字形** 자형 ｜ **象形** 상형 ｜ **外形** 외형 ｜ **体形** 체형 ｜ **地形** 지형 ｜ **队形** 대형

5 **一药** : 약

> 예 **镇静药** 진정제 ｜ **止痛药** 진통제 ｜ **胃药** 위장약 ｜ **头疼药** 두통약 ｜ **良药** 좋은 약 ｜ **补药** 보약 ｜ **中药** 한약 ｜ **西药** 양약 ｜ **草药** 약초 ｜ **毒药** 독약

❷ 성어와 숙어

1 愈演愈烈 일이나 상황이 더욱더 심각해지다

❶ 近年来，围绕堕胎合法化的争论愈演愈烈。
최근 몇 년 사이 낙태 합법화를 둘러싼 논란이 거세지고 있다.

❷ 自从去年10月份以来，暴力活动就有愈演愈烈之势。
작년 10월 이후 폭력이 날로 심각해지는 기세이다.

❸ 在中国迈向市场经济的今天，企业间的竞争愈演愈烈。
중국이 시장 경제로 발돋움하는 오늘날 기업 간 경쟁은 갈수록 치열해지고 있다.

❹ 虽然大家都知道进入名校不一定保证孩子将来的成功，可是家长们追求名校之风还是愈演愈烈。
비록 모두가 명문 학교 진학이 반드시 아이의 장래 성공을 보장해 주는 것은 아니라는 것을 알고 있지만, 부모들이 명문 학교를 추구하는 분위기는 나날이 거세지고 있다.

2 背道而驰 서로 반대 방향으로 가다
방향이나 목표가 완전히 상반됨을 비유한다.

❶ 这项法案与1973年美国联邦最高法院认定堕胎合法的"罗诉韦德案"划时代判决背道而驰。
이 법안은 1973년 미국 연방 최고 법원이 낙태가 합법적이라고 인정한 '로 대 웨이드 사건'의 획기적 판결과 배치된다.

❷ 他现在的一言一行已经与自己以前的做人原则背道而驰。
지금 그의 말과 행동 하나하나가 이미 이전의 처세 원칙과는 완전히 다르다.

❸ 如果你的设想和你想要达到的目标背道而驰，那么你必须改变它。
만약 너의 구상이 네가 달성하려는 목표와 배치된다면, 너는 반드시 그것을 바꿔야 한다.

❹ 不这么做的话，等于是与美国人所坚持的一切背道而驰。
이렇게 하지 않는다면 미국인이 고수하는 모든 것을 거스르는 것과 같다.

3 어구와 문형

1 无异于 동사 ~와 다름없다, ~인 격이다

주로 문어에 쓰인다.

❶ 共和党和保守主义者认为，堕胎行为无异于谋杀，是不道德的。

공화당과 보수주의자들은 낙태 행위가 살인과 다름없는 부도덕한 것이라고 여긴다.

❷ 这项贷款对于贫困家庭及其子女来说无异于一个福音，孩子上大学有了希望。

이 대출은 가난한 가정과 그 자녀들에게는 희소식과 다름없는 것으로, 자녀의 대학 진학에 희망이 생겼다.

❸ 当今时代，信息无所不在，但要从中查找特定信息，是件非常费时的事，无异于大海捞针。

오늘날 정보는 어디에나 있지만 그 속에서 특정 정보를 찾으려면 시간이 걸리는 일이으로 모래밭에서 바늘을 찾는 격이다.

❹ 他向不懂音乐的人讲解其妙处，无异于对牛弹琴。

그가 음악을 모르는 사람에게 그 오묘한 부분을 설명하는 것은 쇠귀에 경 읽기나 다름없다.

*无所不在 wúsuǒbúzài 없는 곳이 없다, 어디에나 있다
*大海捞针 dàhǎi-lāozhēn 모래밭에서 바늘을 찾다
*对牛弹琴 duìniú-tánqín 쇠귀에 경 읽기

2 而 접속사 그래서, 따라서, 그러므로

앞뒤 두 성분 간의 인과 관계나 목적 관계를 나타낸다.

❶ 这项法律禁止州内几乎所有的堕胎行为，甚至包括受害人被强奸或乱伦而导致的怀孕。

이 법안은 주 내의 거의 모든 낙태 행위를 금지하며, 심지어 피해자가 강간을 당하거나 근친상간으로 임신한 것까지 포함한다.

❷ 那朵花由于缺水而死了，很可惜。

그 꽃은 물이 부족해서 죽었는데 안타깝다.

❸ 他由于表现出色而得到提升，工资也随之大涨。

그는 실적이 뛰어나서 승진을 했고, 임금도 그에 따라 상승하였다.

❹ 她为了学好汉语而来到中国。

그녀는 중국어를 잘 배우기 위해서 중국에 왔다.

3 否则 접속사 만약 그렇지 않다면

두 번째 절의 맨 앞에서 절을 연결하며, 문어에 쓰인다.

❶ 这项法律禁止州内几乎所有的堕胎行为，甚至包括受害人被强奸或乱伦而导致的怀孕。唯一的例外是孕妇的生命受到了威胁。否则，实施堕胎手术的医生就被视为违法，最高可判处五年监禁。

이 법안은 주 내의 거의 모든 낙태 행위를 금지하며, 심지어 피해자가 강간을 당하거나 근친상간으로 임신한 것까지 포함한다. 유일한 예외는 임산부의 생명이 위협당하는 경우이며, 그렇지 않으면 낙태 수술을 시술한 의사는 법을 위반한 것으로 간주되어 최고 징역 5년에 처해질 수 있다.

❷ 有异议的请现在提出，否则请保持沉默。

이의가 있으신 분은 지금 제기해 주시고, 그렇지 않으면 침묵해 주세요.

❸ 大概是有什么重要的事，否则他不会连续打电话给你。

아마도 무슨 중요한 일이 있을 거야. 그렇지 않으면 그가 연이어 너에게 전화할 리 없어.

❹ 你必须在四月完成论文，否则很难在今年六月毕业。

너는 반드시 4월에 논문을 완성해야 한다. 그렇지 않으면 올해 6월에 졸업하기 어렵다.

4 被视为 관용구 ~로 여겨지다

피동을 나타내며, 반드시 목적어를 수반한다. 구문 내에서 '被'와 '视为'는 분리될 수 있다.

❶ 这项法律禁止州内几乎所有的堕胎行为，甚至包括受害人被强奸或乱伦而导致的怀孕。唯一的例外是孕妇的生命受到了威胁。否则，实施堕胎手术的医生就被视为违法，最高可判处五年监禁。

이 법안은 주 내의 거의 모든 낙태 행위를 금지하며, 심지어 피해자가 강간을 당하거나 근친상간으로 임신한 것까지 포함한다. 유일한 예외는 임산부의 생명이 위협당하는 경우이며, 그렇지 않으면 낙태 수술을 시술한 의사는 법을 위반한 것으로 간주되어 최고 징역 5년에 처해질 수 있다.

❷ 她被视为中国最具国际影响力的女演员。

그녀는 중국에서 가장 국제적인 영향력을 가진 여배우로 여겨진다.

❸ 对一个印第安人直呼其名，或直接询问她的名字，都被视为无礼的行为。

인디언에게 이름을 직접 부르거나 여성에게 직접 이름을 묻는 것은 모두 무례한 행위로 여겨진다.

❹ 男女平等，被当今社会视为天经地义，那可是经过长期努力才有的结果。

남녀평등이 오늘날의 사회에서 절대적 진리로 여겨지는 것은 오랜 시간 노력을 거쳐 얻어낸 결과이다.

*天经地义 tiānjīng-dìyì 영원히 변할 수 없는 진리, 불변의 진리

5 对……而言 관용구 ~에 대해 말하자면, ~에게 있어, ~에게는

'对……来说'와 의미가 같으며, 논의의 대상을 단독으로 제시하여 강조하는 데 쓰인다.

❶ 对美国而言，堕胎到底应不应该合法化一直是各州争议不休的论题。
미국에 있어 과연 낙태를 합법화해야 하는가 말아야 하는가는 각 주에서 논쟁이 끊이지 않던 화제였다.

❷ 对我而言，这个问题一点儿都不难解决。
나에게 있어 이 문제는 전혀 해결이 어렵지 않다.

❸ 对中文教师而言，这本教材非常实用，特别受欢迎。
중국어 교사에게 이 교재는 매우 실용적이어서 유독 인기가 있다.

❹ 职业发展对公司的员工而言至关重要。
경력 개발은 회사 직원들에게 매우 중요하다.

6 为(wèi)(3)(4) 전치사 ~을 위하여, ~에게

1. 동작의 수혜자와 관련 사물을 이끌며, '给', '替'의 의미이다.

❶ 当地的21名医生不顾禁令，为感染麻疹的孕妇做了堕胎手术，结果遭到逮捕。
현지 의사 21명이 금지령에도 불구하고 홍역에 걸린 임산부를 위해 낙태수술을 했고 결국 체포되었다.

❷ 蒂勒当年67岁，他不仅坚持做堕胎手术，还为怀孕20周以上的孕妇做晚期堕胎手术，是美国少数几个坚持做晚期堕胎手术的医生之一。
틸러는 당시 67세로 낙태 수술을 계속 해왔을 뿐만 아니라 임신 20주 이상의 임산부를 위해 말기 낙태 수술을 했던, 미국 내 말기 낙태 수술을 고수하는 몇몇 의사 중 한 명이었다.

❸ 老师为同学们准备了丰盛的午餐。
선생님이 학우들을 위해 풍성한 점심식사를 준비했다.

❹ 他愿意为朋友做任何事。
그는 친구를 위해 어떤 일이라도 하고 싶어 한다.

2. 목적, 원인을 나타내며, '了' 혹은 '着'를 수반할 수 있다.

❶ 如果剥夺胎儿的生存权利是不道德的，那么我们应不应该为了坚守这种道德意识，而将明明有问题的胎儿也生下来?
　　만약 태아의 생존권을 박탈하는 것이 비도덕적이라면, 우리는 그 도덕의식을 지키기 위해 분명히 문제가 있는 태아라도 낳아야 하는가?

❷ 为了培养下一代，我愿意终身从事教育事业。
　　다음 세대를 육성하기 위해 나는 평생 교육 사업에 종사하고 싶다.

❸ 张老师为尽快提高我们的中文水平想了很多办法。
　　장 선생님은 우리의 중국어 실력을 가능한 한 빨리 향상시키기 위해 많은 방법을 생각하셨다.

❹ 你们不要总是为着这么点儿小事吵架。
　　너희들은 늘상 이런 사소한 일로 다투지 마라.

6-3

女青年意外怀孕引起社会关注

近年来，青少年的性和意外怀孕的问题已经引起广泛关注。有调查显示，22%的未婚青年曾发生性行为，其中两成以上的女孩经历了意外怀孕，近九成的意外妊娠最终以人工流产结束，其中20%经历多次流产。

联合国人口基金驻华代表何安瑞说，随着社会价值观的变化，中国青少年不安全性行为、意外怀孕、艾滋病等性传播疾病的风险因素也在增加。联合国人口基金支持中国进行了一项调查。调查的15—24岁的未婚青年男女中，大多数青年人对婚前性行为都持开放的态度，但是其中只有5%非常了解生殖健康问题，15%了解如何避免艾滋病感染。这个调查还显示100个未婚女性中有4个会意外怀孕。

在全球范围内，青少年意外怀孕已经成为一个不容忽视的问题。有统计显示，15—19岁的女孩中，有1600万人会生下孩子，怀孕生子造成的并发症是这个年龄的女孩死亡和患病的最主要原因，这一问题在发展中国家尤为严重。而贫困、暴力、童婚、逼婚等因素都是少女怀孕的主要原因；同时，缺乏必要的性知识、人口流动性增加、男女不平等也是造成这种情况的重要因素。

北京东四妇产医院的崔颖大夫告诉记者，她们接诊的流产手术者最小的还不到17岁。医生劝告，女孩子们千万别把堕胎当儿戏，否则将会付出沉重的代价：大出血、妇科炎症、终身不孕，甚至死亡。流产除了对身体的伤害之外，对心理的伤害也不可忽视。一位专业人士从医学角度分析，在青春期的青少年性意识开始萌动，期望与异性交往，这是很正常的，但是性教育、性知识的滞后，可能使他们在认识和观念上踏入性的误区，出现各种各样生理、心理上的问题，而这些问题也许会影响人的下半生。

进行必要的性健康教育，让女孩子们懂得如何保护自己是改变这种现象的有效方法。而在中国，性教育缺失的问题仍没有得到解决：青春期性教育至今未被列入课程大纲，学校的教师和家长对性教育讳莫如深，遮遮掩掩，导致青少年对性知识的了解主要来源于网络。

본문의 내용에 근거하여 다음 문제에 대해 이야기해 보세요.

1. 中国年轻人对待"性"的态度与以前有什么不同？
   这同时造成了哪些问题？

2. 青少年怀孕对女性的身心健康有什么危害？

3. 应该怎么做才能解决青少年怀孕的问题？你有什么好的办法帮助怀孕的青少年？

4. 中国在性教育方面有哪些问题？在你的国家性教育的状况如何？

5. 在你看来，在青春期性意识萌动时，家庭、学校、社会哪方面对一个人的影响是最大，最关键的？如果一个青少年在这方面犯了错，家庭和学校应该如何做？

1	性行为	xìngxíngwéi	명 성행위
2	女孩(儿)	nǚhái(r)	명 여자아이
3	妊娠	rènshēn	명 임신
4	流产	liúchǎn	명 낙태, 유산 동 낙태하다, 유산하다
5	风险	fēngxiǎn	명 위험
6	生殖	shēngzhí	명 생식
7	不容	bùróng	동 용납하지 않다, 허용하지 않다
8	忽视	hūshì	동 소홀하다, 등한시하다
9	患	huàn	동 어근 (병에) 걸리다, 우려하다
10	发展中国家	fāzhǎnzhōng guójiā	개발도상국
11	尤为	yóuwéi	부 더욱이, 특히
12	贫困	pínkùn	형 빈곤한, 가난한, 궁핍한
13	童	tóng	명 어근 어린이, 아이, 아동
14	流动	liúdòng	동 수식 (기체나 액체가) 유동하다, 흐르다
15	接诊	jiēzhěn	동 진료를 맡다
16	劝告	quàngào	동 충고하다, 권고하다
17	儿戏	érxì	명 (어린)애 장난, 대수롭지 않은 일
18	沉重	chénzhòng	형 무거운, 심각한, 엄중한
19	代价	dàijià	명 대가
20	大出血	dàchūxiě	명 대출혈, (손해를 감수한) 염가 판매
21	妇科	fùkē	명 산부인과
22	炎症	yánzhèng	명 염증
23	伤害	shānghài	동 상처를 주다, 손상시키다 명 상처, 부상
24	分析	fēnxī	동 분석하다 명 분석
25	萌动	méngdòng	동 (초목이) 싹트기 시작하다, 발동하다, 징조를 보이다
26	异性	yìxìng	명 이성
27	交往	jiāowǎng	동 교류하다, 사귀다, 왕래하다
28	正常	zhèngcháng	형 정상적인
29	性教育	xìngjiàoyù	명 성교육
30	滞后	zhìhòu	동 뒤처지다, 정체하다, 낙후하다
31	踏入	tàrù	동 발을 들여 놓다, 진입하다, 뛰어들다

32	误区	wùqū	명 잘못된 인식, 악습, 맹점
33	生理	shēnglǐ	명 생리
34	缺失	quēshī	명 결함, 결점
35	青春期	qīngchūnqī	명 청소년기, 사춘기
36	大纲	dàgāng	명 개요, 요강
37	讳莫如深	huìmòrúshēn	관용 깊이 숨기다, 감추고 누설하지 않다
38	遮遮掩掩	zhēzhē yǎnyǎn	중첩 숨기다, 감추다, 은폐하다

고유명사

1	联合国	Liánhéguó	유엔(the United Nations)
2	何安瑞	Hé Ānruì	인명 아리 호크만(Arie Hoekman)
3	北京东四妇产医院	Běijīng Dōngsì Fùchǎn Yīyuàn	베이징둥쓰산부인과
4	崔颖	Cuī Yǐng	인명 추이잉

news

7

美国金牌主播
因"说谎门"而"下课"

미국 최고 앵커 '거짓말 논란'으로 하차

∩ 7-1

美国金牌主播因"说谎门"而"下课"[1]

2015年2月美国全国广播公司(NBC)的知名主播布莱恩·威廉姆斯被无薪停职六个月,暂时离开主播岗位,成为近来震动美国新闻界的重磅炸弹。威廉姆斯被停职是因为他夸大了自己在伊拉克战争中的采访经历,做了虚假报道。

2003年伊拉克战争期间,威廉姆斯曾亲往前线做现场报道。他回到美国后,在多个媒体场合说,自己采访时乘坐的直升机遭到了火箭弹的攻击,这九死一生的战地经历平添了威廉姆斯头顶的光环。此后,他还在晚间节目中回顾了自己的这段光辉经历。但这一次他的谎言被戳穿了。当年的亲历者、飞机工程师雷诺称,威廉姆斯根本没有在他们的飞机上,他们迫降一小时后才看到威廉姆斯赶过来。其他老兵也证实了事情的真相。

威廉姆斯随后在新闻节目中道歉。他说这是出于记忆误差:"我在回顾12年前发生的事件时犯了一个错误。"但是这一道歉显然没有平息外界的批评声音。事件发生后人们不仅对威廉姆斯有关伊拉克的报道产生怀疑,而且披露出他2005年报道卡特里娜飓风灾难的时候也可能夸大了事实。据报道,威廉姆斯当时在新奥尔良报道的时候说他从饭店看到尸体漂过,但是当地民众质疑说,他的饭店所在的地区并没有被水淹。

该事件不仅使威廉姆斯的可信度受到了质疑,也使人们对NBC新闻频道的操守和审查提出了批评。美国收视率最高的三大电视新闻节目是NBC、ABC和CBS,而威廉姆斯主持的晚间新闻节目长期以来收视率最高,吸引了近一千万美

---

❶ **"下课"** 원래의 의미는 '수업이 끝나다' 또는 '수업을 마치다'이다. 여기서는 직장이나 직위에서 해고되었거나 직무를 제대로 수행하지 못하여 해임되었다는 의미로 쓰였다.

国观众。据CNN报道，他的丑闻曝光后，NBC晚间新闻收视人数流失了七十万。NBC首席执行官斯蒂芬·伯克就此事发表声明称："布莱恩的行为破坏了数百万美国人给予NBC新闻频道的信任……他的行为不可原谅，停职是一个严厉且恰当的处罚。"威廉姆斯在写给NBC的一封信中说："在我的职业生涯中，我一直追踪报道新闻，然而我现在痛苦地意识到，由于我自己的行为，我本人成为了新闻焦点。"

这个事件引起了美国各大媒体对新闻界的职业道德和诚信的热烈讨论。有人认为这是记者们惯用的伎俩，就是通过谎言推动一个话题。有人指责NBC新闻部门失职，因为这个故事足够好，所以没人愿意去核实它是否真实；即使造假，名主播受罚的可能性很小。还有人认为电视台乐于新闻造"神"：知名主播出现在战场、总统身边，或是灾难现场，其曝光率高过好莱坞名人。

一个值得探讨的问题是，事业上如此辉煌的著名记者为什么要说如此低级的谎话？一般认为，威廉姆斯的事业如日中天，完全不需要对真相进行涂脂抹粉增加自己的光彩。这一"说谎门"事件带来的最重要启示是，身居高位的人即使有了至高无上的地位和荣誉，仍然可能通过造假提高自己的声誉，以便让人更加仰慕、崇拜他。

　　这次事件表明，市场经济下即使是商业媒体也必须以真相和诚信为根本。另外，社交媒体在这次事件中的作用值得关注。今天的社交媒体给观众提供了监督身居高位者的机会。过去，威廉姆斯不止一次在公开场合讲述同样的故事，都被忽略了。这次，当年的一名直升机机组人员在脸书上指出他的错误后，在极短时间内引起公众讨论和媒体关注，揭示出真相。最后，这一事件还说明，舆论监督对任何人都不能例外，尤其是拥有巨大话语权的显赫人士。

📰 본문의 내용에 근거하여 다음 문제에 대해 이야기해 보세요.

1. 美国全国广播公司的知名主播布莱恩·威廉姆斯做了什么样的虚假报道?

2. 在威廉姆斯关于卡特里娜飓风灾难的报道中又有什么不真实的地方?

3. 威廉姆斯的"说谎门"对美国全国广播公司造成了什么危害?

4. 文章中分析威廉姆斯说谎的原因是什么? 你同意吗?

5. 威廉姆斯的说谎事件说明了什么问题? 在你看来, 新闻职业最重要的职业操守是什么? 为什么?

生词

1	金牌	jīnpái	명 금메달, 일등, 최우수, 최고
2	主播	zhǔbō	명 메인 아나운서, 앵커
3	说谎	shuō//huǎng	동 거짓말을 하다
4	薪	xīn	어근 봉급, 임금, 급여
5	停职	tíng//zhí	동 잠시 직무 수행을 정지시키다, 정직 처분을 내리다
6	震动	zhèndòng	동 진동하다, (중대한 사건·소식 등이 사람의 마음을) 뒤흔들다, 충격을 주다
7	界	jiè	어근 계, 분야, 집단, 사회
8	磅	bàng	명 양 파운드
9	炸弹	zhàdàn	명 폭탄
10	夸大	kuādà	동 과대하다, 과장하다
11	虚假	xūjiǎ	형 허위인, 거짓인
12	亲	qīn	어근 친히, 몸소, 직접
13	前线	qiánxiàn	명 (두 군대가 대치하는) 전선, 최전방
14	乘坐	chéngzuò	동 (자동차·배·비행기 등을) 타다
15	直升机	zhíshēngjī	명 헬리콥터
16	火箭弹	huǒjiàndàn	명 로켓탄, 미사일
17	九死一生	jiǔsǐ-yìshēng	관용 구사일생, 죽을 고비를 여러 차례 넘기고 겨우 살아남
18	战地	zhàndì	명 전쟁터, 전장
19	平添	píngtiān	동 자연스럽게 더해지다, 저절로 보태다
20	头顶	tóudǐng	명 머리꼭대기, 머리 위
21	光环	guānghuán	명 밝은 빛의 고리, 후광
22	回顾	huígù	동 회고하다, 돌이켜보다
23	谎言	huǎngyán	명 거짓말
24	戳穿	chuōchuān	동 찔러서 뚫다, (음모·계략·거짓말 등을) 폭로하다, 들춰내다, 진상을 밝히다
25	历	lì	어근 겪다, 경험하다
26	迫降	pòjiàng	동 강제 착륙하다, 강제 불시착하다
27	老兵	lǎobīng	명 노병, 고참병, 베테랑
28	真相	zhēnxiàng	명 진상, 실상
29	随后	suíhòu	부 곧이어, 뒤이어, 바로 뒤에
30	误差	wùchā	명 오차, 오류
31	平息	píngxī	동 가라앉다, 잠재우다, 수습되다

32	外界	wàijiè	몡 외부
33	披露	pīlù	동 공포하다, 밝히다, 드러내다, 폭로하다
34	飓风	jùfēng	몡 허리케인
35	尸体	shītǐ	몡 시체
36	漂	piāo	동 (물체가 바람이나 액체의 흐름에 따라) 떠다니다
37	淹	yān	동 어근 범람하다, 침수되다, 물에 잠기다
38	可信	kěxìn	형 신뢰할 수 있는, 믿을만한
39	操守	cāoshǒu	몡 (직업) 윤리, (평소의) 품행, 행실
40	晚间新闻	wǎnjiān xīnwén	저녁 뉴스
41	流失	liúshī	동 떠내려가서 없어지다, 유실되다
42	给予	jǐyǔ	동 주다, 부여하다
43	信任	xìnrèn	동 신뢰하다, 믿고 맡기다
44	追踪	zhuīzōng	동 (단서나 흔적을 따라) 추적하다, 뒤쫓다
45	本人	běnrén	대 본인
46	诚信	chéngxìn	몡 성실, 신용, 신뢰
47	惯	guàn	동 습관이 되다, 익숙해지다
48	伎俩	jìliǎng	몡 (옳지 못한) 수단, 수법
49	指责	zhǐzé	동 책망하다, 비난하다, 나무라다
50	失职	shī//zhí	동 직무상 오류를 범하다, 직무를 태만히 하다
51	核实	héshí	동 사실을 확인하다, 실태를 조사하다
52	造假	zào//jiǎ	동 허위로 꾸미다, 거짓으로 꾸미다
53	受罚	shòu//fá	동 처벌을 받다, 징계를 당하다
54	乐于	lèyú	동 (어떤 일을) 즐겨 하다, 기꺼이 하다
55	战场	zhànchǎng	몡 전쟁터, 전장
56	名人	míngrén	몡 유명 인사, 연예인
57	辉煌	huīhuáng	형 휘황찬란한, 눈부시게 빛나는
58	低级	dījí	형 저급한, 초보적인
59	谎话	huǎnghuà	몡 거짓말
60	如日中天	rúrì-zhōngtiān	관용 매우 흥성하여 전성기이다, 전성기를 구가하다
61	涂脂抹粉	túzhī-mǒfěn	관용 연지 찍고 분 바르다, 추한 것을 억지로 숨기다
62	光彩	guāngcǎi	몡 광체, 명예, 영예
63	居	jū	동 어근 살다, (어떤 위치에) 처하다, 놓이다

64	高位	gāowèi	명 높은 지위, 고위
65	至高无上	zhìgāo-wúshàng	관용 견줄 수 없이 높다, 최고로 높다
66	荣誉	róngyù	명 영예
67	声誉	shēngyù	명 명성
68	以便	yǐbiàn	접 ~(하기에 편리)하도록, ~하기 위하여
69	仰慕	yǎngmù	동 흠모하다, 우러러보며 그리워하다
70	不止	bùzhǐ	동 ~에 그치지 않다, ~를 넘다
71	机组	jīzǔ	명 탑승원, 승무원
72	揭示	jiēshì	동 들추어내다, 파헤치다, 밝히다
73	话语	huàyǔ	명 말, 발언
74	显赫	xiǎnhè	형 (지위·권세·명성 등이) 높은, 큰, 떨치는

고유명사

1	全国广播公司	Quánguó Guǎngbō Gōngsī	NBC 방송국(National Broadcasting Company)
2	布莱恩·威廉姆斯	Bùlái'ēn Wēiliánmǔsī	인명 브라이언 윌리엄스(Brian Williams)
3	伊拉克	Yīlākè	국명 이라크
4	雷诺	Léinuò	인명 레이놀즈(Reynolds)
5	卡特里娜	Kǎtèlǐnà	카트리나 [허리케인 이름]
6	新奥尔良	Xīn'ào'ěrliáng	지명 뉴올리언스
7	斯蒂芬·伯克	Sīdìfēn Bókè	인명 스티븐 버크(Stephen Burks)

❶ 형태소

1 **一薪** : 급료, 봉급, 임금

> 例 **无薪** 무보수, 무급 | **停薪** 월급 지급을 중지하다 | **工薪** 임금, 노임 | **月薪** 월급 | **年薪** 연봉 |
> **半薪** 급여의 절반 | **全薪** 전액 급여 | **评薪** 임금을 산정하다

2 **一界** : -계, -분야, -집단, -사회 [직업, 일 또는 성별 등이 동일한 사회 구성원 전체]

> 例 **新闻界** 언론계 | **外交界** 외교계 | **工业界** 산업계 | **体育界** 스포츠계 | **教育界** 교육계 |
> **文艺界** 문예계 | **电影界** 영화계 | **文学界** 문학계

3 **一弹** : -탄, -미사일 [폭발물이 내장되어 있어 파괴와 살상 능력을 가진 것]

> 例 **火箭弹** 로켓탄 | **导弹** 유도탄 | **炸弹** 폭탄 | **原子弹** 원자폭탄 | **核弹** 핵폭탄 | **手榴弹**
> 수류탄 | **子弹** 총탄, 탄알 | **飞弹** 유도탄, 미사일 | **炮弹** 포탄 | **枪弹** 총탄, 총알 | **流弹** 유탄,
> 빗나간 총알 | **信号弹** 신호탄

4 **一机** : 기계, 엔진, 비행기

> 例 **直升机** 헬리콥터 | **运输机** 수송기 | **客机** 여객기 | **战斗机** 전투기 | **碎冰机** 쇄빙기, 아이스
> 크러셔 | **割草机** 제초기 | **饮水机** 생수기 | **洗衣机** 세탁기 | **烘干机** 건조기 | **电视机** 텔
> 레비전

5 **亲一** : 친히, 몸소, 직접

> 例 **亲历** 몸소 경험하다 | **亲知** 체험하여 얻은 지식 | **亲传** 몸소 전수하다 | **亲临** 친히 참석하다 |
> **亲身** 친히, 몸소 | **亲自** 몸소, 직접 | **亲眼** 제 눈으로, 직접 | **亲口** 자기 입으로, 스스로 | **亲手**
> 손수, 자기 손으로 | **亲笔** 친필 | **亲生** 자기가 낳다

6 失－ : 목적을 달성하지 못하다, 정상 상태를 벗어나다

1. 목적을 달성하지 못하다

예 **失职** 직무 과실을 범하다 | **失策** 실책하다 | **失察** 관리 감독을 소홀히 하다 | **失利** 패배, 실패 하다 | **失望** 실망, 낙담하다 | **失意** 실의에 빠지다, 뜻대로 되지 않다

2. 정상 상태를 벗어나다

예 **失声** 엉겁결에 소리를 지르다, 비통하여 목이 메이다 | **失色** 얼굴이 새파랗게 질리다 | **失态** 추태를 부리다 | **失神** 방심하다, 넋이 나가다 | **失密** 비밀을 누설하다

7 受－ : 받다, 당하다, 참다, 견디어 내다

예 **受罚** 처벌을 받다 | **受害** 피해를 당하다 | **受贿** 수뢰하다 | **受审** 재판을 받다, 심문을 받다 | **受阻** 방해를 받다 | **受训** 훈계를 받다, 야단맞다 | **受制** 제약을 받다 | **受骗** 사기를 당하다 | **受气** 모욕을 당하다 | **受伤** 부상을 당하다 | **受奖** 표창을 받다 | **受聘** 임용되다, 채용되다 | **受用** 쓸 만하다, 덕을 보다

8 －门 : 추문, 사건, 게이트(-gate)

예 **说谎门** 거짓말 논란 | **捐款门** 기부금 게이트 | **艳照门** 누드 사진 스캔들 | **水门** 워터게이트 | **电邮门** 이메일 스캔들 | **棱镜门** 프리즘 사건 | **拉链门** 지퍼게이트

*水门 Shuǐmén 1972년 민주당 청사에 도청 장치를 한 정보 활동으로, 1974년 닉슨 대통령 사임의 직접적 원인이 된 사건
*电邮门 Diànyóumén 힐러리 국무장관 재직 시기(2009~2013년) 개인 이메일 서버를 이용해 기밀문서를 주고받은 사건
*棱镜门 Léngjìngmén 2013년 해외 정보를 감시하는 NSA가 프리즘 프로그램을 통해 민간인 개인 정보를 사찰한 사건
*拉链门 Lāliànmén 빌 클린턴 전 미국 대통령이 임기 중 일으킨 여러 섹스 스캔들

❷ 성어와 숙어

1 九死一生　구사일생

죽을 가능성이 살 가능성보다 훨씬 더 크지만 결국 위험에서 벗어났음을 가리키며, 죽을 고비를 여러 차례 넘기고 겨우 살아났음을 비유한다.

❶ 他回到美国后，在多个媒体场合说，自己采访时乘坐的直升机遭到了火箭弹的攻击，这九死一生的战地经历平添了威廉姆斯头顶的光环。

그가 미국으로 돌아온 뒤 여러 언론 석상에서 자신이 취재할 때 탔던 헬기가 미사일 공격을 받았다고 이야기했고, 이러한 구사일생의 전장 경험은 자연스럽게 윌리엄스에게 후광을 보태주었다.

❷ 他为了救朋友，冒着九死一生的危险，一个人去和绑匪谈判。

그는 친구를 구하기 위해 구사일생의 위험을 무릅쓰고 혼자 가서 납치범과 협상을 했다.

❸ 同船伙伴都葬身大海，只有他一个人九死一生，回到家乡。

같은 배의 동료는 모두 바다에 수장되고, 오직 그만 혼자 구사일생으로 고향에 돌아왔다.

❹ 很多人为了国家，九死一生，人民永远不会忘记他们。

많은 사람들이 나라를 위해 구사일생으로 살아왔다. 국민들은 그들을 영원히 잊지 못할 것이다.

2 如日中天　해가 중천에 떠 있는 것 같다

마치 해가 하늘 한가운데 떠 있는 것과 같다는 뜻으로, 매우 흥성하여 전성기를 구가하고 있음을 비유한다.

❶ 一般认为，威廉姆斯的事业如日中天，完全不需要对真相进行涂脂抹粉增加自己的光彩。

윌리엄스의 커리어가 전성기를 구가하고 있었기에 진실을 억지로 감추어 자신의 명예를 높일 필요가 전혀 없었다는 것이 일반적인 생각이다.

❷ 他在电影界这几年如日中天，红得发紫。

그는 영화계에서 요 몇 년 동안 전성기를 구가하며 분에 넘치는 인기를 누리고 있다.

❸ 现在互联网业如日中天，硅谷每天创造64个百万富翁，其中许多是年轻人，多半又都是男性。

현재 인터넷 업계가 매우 흥성하여 실리콘밸리에서 매일 64명의 백만장자가 탄생하고 있다. 그중 많은 수가 젊은이이고, 대부분 남성이다.

❹ 可以说有了这些忠实的歌迷的支持，他的事业才更加如日中天。

이런 충실한 팬들의 성원이 있었기에 그가 전성기를 누리고 있는 것이라고 볼 수 있다.

*红得发紫 hóng de fā zǐ 인기 절정이다

3 涂脂抹粉　연지 찍고 분 바르다

원래는 여성의 몸치장을 가리키는 말로 추악한 것을 감추고 미화하는 것을 비유한다.

❶ 一般认为，威廉姆斯的事业如日中天，完全不需要对真相进行涂脂抹粉增加自己的光彩。
윌리엄스의 커리어가 전성기를 구가하고 있었기에 진실을 억지로 감추어 자신의 명예를 높일 필요가 전혀 없었다는 것이 일반적인 생각이다.

❷ 美丽的女人用不着涂脂抹粉，特别是在学校读书的女孩子。
아름다운 여자는 화장을 할 필요가 없다. 특히 학교에서 공부하는 여자아이는 더욱 그렇다.

❸ 豪华车里坐着一些衣着鲜艳、涂脂抹粉的女人。
고급 승용차에는 산뜻하게 차려입고 화장을 한 여자가 타고 있다.

❹ 侵略者竭力为自己的侵略行径涂脂抹粉，妄图逃脱世界舆论的谴责。
침략자들은 애써 자신의 침략 행위를 감추고 미화하여 세계 여론의 비난을 모면하려고 획책했다.

4 至高无上　더할 수 없이 높다

'최고로 높다', '견줄 수 없이 높다'라는 의미이다. '至高'는 '최고', '가장 높다'라는 뜻이다.

❶ 这一"说谎门"事件带来的最重要启示是，身居高位的人即使有了至高无上的地位和荣誉，仍然可能通过造假提高自己的声誉，以便让人更加仰慕、崇拜他。
이 '거짓말 논란'이 가져다준 가장 중요한 시사점은 높은 지위에 있는 사람은 이미 최고의 지위와 영예를 가졌더라도 조작을 통해 자신의 명성을 높여 사람들이 자신을 더욱더 흠모하고 숭배하도록 만들 가능성이 있다는 것이다.

❷ 希腊人在数学史上有至高无上的地位。
그리스인들은 수학사에서 더없이 높은 지위를 가지고 있다.

❸ 虽然有至高无上的权力，但是他也对此事无可奈何。
비록 최고의 권력을 가지고 있지만 그도 이 일에 대해서는 어쩔 수 없었다.

❹ 这些东西对于你至高无上，对于别人可能一钱不值。
이 물건들은 너에게는 최고로 가치가 있는 것이겠지만, 다른 사람들에게는 한 푼의 가치도 없을 수 있다.

❸ 어구와 문형

① 如此 [부사] 이와 같다, 이러하다

정도가 심함을 나타내며, '如此' 뒤에는 주로 2음절 혹은 다음절 형용사나 동사가 온다.
만약 뒤에 1음절 형용사가 오면, 형용사 앞에 '之'를 붙여 2음절로 만든다.

❶ 一个值得探讨的问题是，事业上如此辉煌的著名记者为什么要说如此低级的谎话？

한 가지 짚고 넘어갈 점은 커리어가 이렇게 대단한 유명 기자가 왜 이같이 저급한 거짓말을 하느냐는 것이다.

❷ 没想到你的内心世界如此丰富，以前对你的了解太少了。

당신의 내면세계가 이토록 풍부할 줄은 생각지도 못했어요. 이전에 당신에 대해 너무 몰랐네요.

❸ 真的非常感谢你们家如此热情周到地照顾我们这么长时间。

당신 가족이 우리를 이렇게 오랫동안 따뜻하고 살뜰하게 보살펴 줘서 정말 감사합니다.

❹ 中国如此之大，人口如此之多，做这个国家的领导人太不容易了。

중국이 이렇게 크고 이렇게 인구가 많기에, 이 나라의 지도자가 되는 것은 쉽지 않다.

② 以便 [접속사] (하기에 편리)하도록, ~하기 위하여

두 개의 절을 연결하며, 뒤에 오는 절의 맨 앞에 쓰여 후속되는 문장이 언급한 목적을 쉽게
실현할 수 있음을 나타낸다. 앞뒤 절의 주어가 같은 경우 뒷 절에는 주어가 출현하지 않는다.

❶ 这一"说谎门"事件带来的最重要启示是，身居高位的人即使有了至高无上的地位和荣誉，仍然可能通过造假提高自己的声誉，以便让人更加仰慕、崇拜他。

이 '거짓말 논란'이 가져다준 가장 중요한 시사점은 높은 지위에 있는 사람은 이미 최고의 지위와 영예를 가졌더라도 조작을 통해 자신의 명성을 높여 사람들이 자신을 더욱더 흠모하고 숭배하도록 만들 가능성이 있다는 것이다.

❷ 请你在黑板上把字写得大一点儿，以便后边的同学们看清楚。

뒤에 있는 학우들이 잘 볼 수 있도록 칠판에 글자를 좀 크게 써 주세요.

❸ 你把地址留给我吧，以便以后联系。

나중에 연락할 수 있도록 저에게 주소를 남겨 주세요.

❹ 把安全出口的杂物搬走，以便日后发生火灾逃生时通行无阻。

나중에 화재가 발생하여 대피할 때 통행에 지장이 없도록 비상구에 있는 잡동사니를 옮기세요.

3 尤其 _{부사} 특히, 더욱이

정도가 한층 더함을 나타낸다. 전체 혹은 다른 사물과 비교할 때 특히 더 부각됨을 강조하여 '더욱더', '특히'라는 의미를 나타낸다. 동사 혹은 형용사 앞에 쓰이지만, '是'를 부가하여 '尤其是'로 쓰는 경우에는 명사나 대명사 혹은 절 앞에 직접 쓰일 수도 있다.

❶ 最后，这一事件还说明，舆论监督对任何人都不能例外，尤其是拥有巨大话语权的显赫人士。

마지막으로 이 사건은 누구나, 특히 발언권이 센 유명인이라도 여론의 감시에서 예외일 수 없음을 설명한다.

❷ 我最喜欢交朋友了，尤其是同龄的朋友。

나는 친구, 특히 또래 친구 사귀는 것을 가장 좋아하게 되었다.

❸ 今年的天气都很热，尤其是今天，气温都达35摄氏度了。

올해 날씨는 다 더운데, 특히 오늘은 기온이 섭씨 35도나 된다.

❹ 你们的想法都很好，尤其是小明的，很有独创性。

너희들의 생각이 모두 훌륭한데, 특히 샤오밍은 매우 독창적이다.

❺ 我很喜欢看书，尤其喜欢看历史传记。

나는 책 읽는 것을 좋아하는데, 특히 역사 전기 보는 것을 좋아한다.

🎧 7–3

三人行，必有一自媒体

读到一本好书，立刻摘出精彩段落，附上感悟，发微信分享到朋友圈；逛街遇到突发事件或趣闻，第一时间掏手机录视频，上传网络，广而告之。互联网时代，随着智能手机的普及以及微博❶、微信❷的迅速发展，越来越多的人成为"自媒体人"。人称当今社会是"三人行，必有一自媒体"的年代："人人都是发布者，人人都有麦克风。"

"自媒体"也称"公民媒体"❸，是指普通市民或机构组织在任何时间、任何地点，以任何方式访问网络，提供并分享他们的真实看法和自身新闻。自媒体包括但不限于个人微博、个人日志、个人主页等，其中最有代表性的平台美国是脸书和推特，中国是Qzone❹、新浪微博、腾讯微

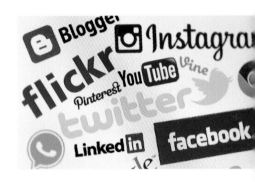

博、人人网❺、微信公众平台❻等。当前，以微博为代表的自媒体，已成为网络传播最活跃的主体和新兴舆论场。网络自媒体的数量庞大，其拥有者也大多为"草根"平民，网络的隐匿性给了网民"随心所欲"的空间。

---

❶ **微博** 웨이보는 중국의 대표적인 소셜 네트워크 서비스(SNS)의 일종으로, '작다(micro)'라는 뜻의 '웨이(微)'와 '블로그'를 뜻하는 '보커(博客)'의 첫 글자를 합성한 말이다. 글쓰기뿐만 아니라 사진과 동영상을 올릴 수 있고, 다른 회원을 팔로우할 수 있다.

❷ **微信** 위챗(WeChat)은 텐센트(Tecent)가 2011년 1월 출시한 모바일 메신저이다. 위챗은 월 활성사용자수(MAU)가 5억 명인 플랫폼으로, 사실상 모든 중국 스마트폰 사용자가 위챗을 쓰고 있다고 할 수 있다.

❸ **"公民媒体"** 비정부 조직(NGO: Non Governmental Orga−nization)으로서 많은 사람이 자신의 생각을 비교적 간단하게 전달할 수 있는 인터넷(특히 홈 페이지)을 가리킨다.

❹ **Qzone** 중국어로는 'QQ空间'. 2005년 텐센트가 만든 소셜 네트워크 웹사이트로, Qzone에서 유저들은 블로그를 작성하고, 일기를 쓰고, 사진을 보내고, 음악을 듣고, 동영상을 볼 수 있다.

❺ **人人网** 2005년 칭화(清华)대학과 톈진(天津)대학 학생들이 페이스북을 모방하여 만든 중국 최대의 SNS 사이트이다.

❻ **微信公众平台** 플러스 친구 기능에 QR코드 서비스, 위치기반 서비스, 이벤트 서비스, 회원 카드 기능 등을 더해 광고비와 입점료 없이 운용할 수 있는 위챗의 마케팅 플랫폼이다.

自媒体的传播潜力和效益是惊人的。2015年初，中国著名新闻人柴静的自媒体视频《穹顶之下》以一己之力，掀起了从国家领导人到街头巷尾，乃至整个中国社会对雾霾的关注。该视频总播放量达到了1.17亿，成为2015年传播最广、影响最大的视频。清华大学新闻与传播学院博士生导师沈阳教授介绍了一个惊人的数字：据调查，每个中国人平均每天摸手机150次。这就意味着自媒体有着巨大的传播潜力。而"今日头条"❼首席执行官张一鸣也表示，在"今日头条"的平台上，由自媒体创作的内容已经占到了一半的比例，他认为这个比例还可能增加。

自媒体作为一种新型媒体❽已经参与了商业运营、专业培训、学术讨论、科技普及、抢险救灾、维护公共秩序、道德监督和促进社会公益等多种社会活动。山西忻州民警发现一名与父母走失的3岁男童。警方通过自媒体为小孩找父母的信息转发超过6500次，迅速帮孩子找到了家人。安徽老人胡玉娣90岁高龄还得照顾53岁脑瘫的儿子。安庆师范学院新闻专业的学生程江涛在寒假实习时为老人拍摄了一组照片，通过网络发布，同时设立网络公益项目，二十多天时间里收到了5万多条评论，1227名网友为老人捐款50050.69元人民币。

门槛儿低、包容性强、内容丰富，网络的最大好处在于人人平等，人人享有话语权。事件发生后，大家各抒己见，百家争鸣。不过，在为大家提供良好传播平台的同时，"人人自媒体"也带来了不少伤害，发布便利、扩散快等优势也成为一把双刃剑：譬如谣言满天飞，再迅速发酵，公众不明真相先入为主，恶劣影响一旦产生便很难消除等。自媒体的完善有待于政府出台更具有操作性的互联网细则，来保证它更加有序的发展。

---

❼ **"今日头条"** 개개인의 취향과 관심사에 따른 뉴스 및 개인 미디어를 추천해주는 큐레이션 앱으로 장이밍(张一鸣)이 2012년 8월에 첫 번째 버전을 선보였다. (www.toutiao.com)

❽ **新型媒体** 뉴미디어(new media)는 과학 기술의 발전에 따라 생겨난 새로운 전달 매체로, 텔레비전, 라디오, 신문, 잡지, 전화 등의 기존 대중 매체에 얽매이지 않는 새로운 매체를 가리킨다.

📑 **본문의 내용에 근거하여 다음 문제에 대해 이야기해 보세요.**

1. "自媒体人"指的是哪种人？如果你也是，说说你的"自媒体"经历。

2. 美国和中国有代表性的自媒体有哪些？你常用哪些？

3. 为什么人们会越来越多的使用自媒体？

4. 自媒体的影响力怎么样？课文举了哪些例子说明？

5. 总结一下自媒体的正面和负面的影响力。说说你的看法。

7-4

1	段落	duànluò	몡 단락
2	附	fù	동 더하다, 첨부하다, 덧붙이다
3	突发	tūfā	동 돌발적으로 일어나다, 갑자기 발생하다
4	趣闻	qùwén	몡 우스운 이야기, 일화
5	第一时间	dì-yī shíjiān	가장 빠른 시간, 거의 실시간
6	广	guǎng	혱 넓은, 광범위한, 보편적인
7	麦克风	màikèfēng	몡 마이크, 마이크폰
8	限于	xiànyú	동 ~에 국한되다, 한정되다, 제한을 받다
9	日志	rìzhì	몡 일지, 다이어리
10	主页	zhǔyè	몡 홈페이지
11	平台	píngtái	몡 컴퓨터 플랫폼
12	庞大	pángdà	혱 방대한, 지나치게 거대한
13	草根	cǎogēn	몡 풀뿌리
14	潜力	qiánlì	몡 잠재력
15	效益	xiàoyì	몡 효과와 수익
16	惊人	jīngrén	혱 놀라운, 경이로운, 두려운
17	年初	niánchū	몡 연초
18	穹顶	qióngdǐng	몡 돔, 아치 천정
19	一己	yìjǐ	몡 자기, 자신
20	街头巷尾	jiētóu xiàngwěi	관용 큰길과 골목, 거리의 이곳저곳
21	雾霾	wùmái	몡 미세먼지
22	播放	bōfàng	동 방영하다, 상영하다, 재생하다
23	博士生	bóshìshēng	몡 박사과정생
24	导师	dǎoshī	몡 지도교수
25	培训	péixùn	동 기르다, 트레이닝하다 몡 트레이닝
26	抢险	qiǎng//xiǎn	동 긴급 구조하다
27	救灾	jiù//zāi	동 이재민을 구제하다, 재난 구제하다
28	民警	mínjǐng	몡 인민경찰 ['人民警察'의 준말]
29	走失	zǒushī	동 행방불명되다, 실종되다
30	警方	jǐngfāng	몡 경찰 당국
31	转发	zhuǎnfā	동 다시 게재하다, 다시 전달하다, 리트윗하다
32	家人	jiārén	몡 가족

33	高龄	gāolíng	몡 고령
34	脑	nǎo	몡 어근 뇌, 머리
35	瘫	tān	동 마비되다, 중풍 들다
36	实习	shíxí	동 실습하다, 인턴하다
37	拍摄	pāishè	동 (사진·영화 등을) 촬영하다
38	设立	shèlì	동 설립하다, 세우다
39	捐款	juān//kuǎn	동 기부하다
40	门槛儿	ménkǎnr	몡 문지방, 문턱
41	享有	xiǎngyǒu	동 (권리·특권 등을) 누리다
42	各抒己见	gèshū-jǐjiàn	관용 제각기 자기 의견을 말하다
43	百家争鸣	bǎijiā-zhēngmíng	관용 백가쟁명, 자유로이 의견을 발표하다
44	便利	biànlì	혱 편리한 동 편리하게 하다
45	刃	rèn	몡 어근 칼날
46	剑	jiàn	몡 검
47	譬如	pìrú	동 예를 들다, 예컨대
48	谣言	yáoyán	몡 유언비어, 루머
49	发酵	fājiào	동 발효되다
50	不明	bùmíng	동 알지 못하다, 이해하지 못하다 혱 확실치 않은
51	先入为主	xiānrù-wéizhǔ	관용 먼저 들은 것만을 옳다고 생각하다, 선입견에 사로잡히다
52	一旦	yídàn	접 일단(만약) ~한다면
53	细则	xìzé	몡 세칙, 세부 규칙
54	有序	yǒuxù	동 질서가 있다, 규칙적이다

고유명사

1	推特	Tuītè	트위터(Twitter)
2	新浪	Xīnlàng	시나(Sina) [중국의 검색 포털 사이트]
3	腾讯	Téngxùn	텐센트(Tencent) [중국의 인터넷 기반 서비스 제공 업체]
4	人人网	Rénrén Wǎng	런런왕(RENN) [중국의 소셜 네트워크 서비스]
5	微信	Wēixìn	위챗(WeChat)
6	柴静	Chái Jìng	인명 차이징

7	沈阳	Shěn Yáng	[인명] 선양
8	今日头条	Jīnrì Tóutiáo	오늘의 헤드라인 [중국의 뉴스 앱]
9	张一鸣	Zhāng Yīmíng	[인명] 장이밍
10	忻州	Xīnzhōu	[지명] 신저우
11	安徽	Ānhuī	[지명] 안후이 성
12	胡玉娣	Hú Yùdì	[인명] 후위디
13	安庆师范学院	Ānqìng Shīfàn Xuéyuàn	안칭사범대학
14	程江涛	Chéng Jiāngtāo	[인명] 청쟝타오

外媒热议：中国开放"二胎"政策

外신을 뜨겁게 달군 중국 '두 자녀' 정책 전면 시행

∩ 8-1

外媒热议：中国开放"二胎"政策

　　2013年11月15日，中国政府决定实施"单独二胎"①的政策，即：一方是独生子女的夫妇可生育两个孩子。2015年底，经过调研和论证，中国政府再次调整生育政策，决定全面放开"二胎"，结束了实施了三十六年的独生子女政策。过去三十多年，外媒对中国的计生政策褒贬不一，但得出的结论大同小异——独生子女政策已重塑中国社会。当然，人们也常把中国与"老龄化社会"的日本相提并论。"二胎"政策的出台引起了外媒热议。

　　《华尔街日报》网络头条文章说，计划生育政策自从1980年开始实施以来一直受到官方的称赞，说该政策遏制了人口大规模增长。但经济学家们说，这样的政策可能损害中国的竞争优势，减少未来的劳动者数量，并给中国的社会福利体系带来更大的压力。中国改变生育政策，可能是一个明智的理念：这对中国保持经济增长和政权稳定不可缺少。有美国媒体猜测说，开放二胎会稳定中国房价市场，避免房价下降；美国农场主的粮食出口也会增加，因为中国未来会进口更多粮食。

　　一直关注中国计划生育政策的英国人口老龄化学会学者皮尔·波特认为，近四十年的计划生育政策可以说是中国人口战略史上的成功一步，它通过降低生育率保障了国民的基本生活，也让中国女性有了更多参与社会活动的时间。但是这个政策如果一成不变，其负面效应会很明显。一旦中国进入老龄化发展阶段，就会在国际上越来越缺少竞争力。他举例说，北京、上海等城市数以千万计的老龄

---

① "单独二胎"　부모 중 한 명이 외동일 경우 두 자녀를 허용하는 정책

群体越来越依赖国家的养老金❷生活，这让政府的公共项目开支不得不进一步缩减，让社会公众福利质量出现下降，同时会导致城乡人口发展不均衡的现象加重。

路透社评论说，开放二胎，从长期来看，将解决生育率低的问题；从短期来看，婴儿潮的到来将拉动相关食品、玩具、母婴医疗、儿童服饰、家用汽车、教育培训等行业的发展。

新加坡《联合早报》说：两个孩子的好处显而易见，只生一个孩子，不只是父母心疼子女太孤单，一些独生子女的性格特征也令人担忧。1979年后出生的独生子女"互信程度较低、倾向于规避风险、情绪上更加悲观"。空巢老人缺少精神关爱，也是"一胎"政策所造成的问题。家庭养老一向是中国人传统的养老模式，随着父辈们逐渐迈入老年，中国第一代独生子女已然在面临赡养老人的压力。

---

❷ **养老金** 우리나라의 국민연금과 유사한 중국의 퇴직연금으로, 퇴직 후 노동자의 사회에 대한 기여 정도와 양로 보험 자격 혹은 퇴직 조건에 근거하여 매달 혹은 일시불로 지급된다.

　　不过，政策是放开了，是否要享受这一权利，相当一部分家庭也许还要再斟酌一番。随着人们的价值取向发生转变，中国民众生二胎的积极性已大不如前，而且添丁不仅仅是"添双筷子"，城镇居民的生活成本水涨船高，二胎显然不是人人都能"消费"得起。

　　据香港《南华早报》2013年11月23日报道：上海父母对开放二胎反应冷淡。新浪网对1200位上海居民实施的调查发现，70%的接受调查者不想要二胎。其中，24%的人明确表示只要一个孩子，46%的人表示"可能"会只要一个孩子。抚养孩子的成本似乎是让人们犹豫的主要原因。养育一个孩子的负担已经够重了，抚养两个孩子超过了多数家庭的经济能力。据粗略估算，在上海将一个孩子从出生供到大学毕业至少需要100万元人民币。一些头胎为儿子的年轻夫妇更担心二胎还是男孩。上海人认为，养活男孩的成本远远高于养活女孩，因为等男孩长大结婚时，得承担为他们买房的负担。

　　《纽约时报》说，2013年底实施"单独二胎"以来，截止到2015年5月，中国全国共有约145万对夫妻申请生育二胎，只占所有符合"单独二胎"夫妻数目的12%左右，这让人口学家和政策制定者颇为失望。如今，中国实施全面二胎政策，显然是希望婴儿潮会为国家提供更多的劳动力，同时鼓励人们更多地消费。

📑 본문의 내용에 근거하여 다음 문제에 대해 이야기해 보세요.

1. 什么是中国的"二胎"政策？这一政策与以前的计划生育政策有什么不同？

2. 中国实施计划生育政策的好处和坏处是什么？
中国为什么要全面开放"二胎"？

3. 计划生育政策对独生子女的成长和他们的家庭有什么影响？

4. 据这篇文章说，为什么很多中国家庭不想生第二胎？

5. 你对中国的计划生育政策及开放"二胎"有什么看法？

生词

1	单独	dāndú	閉 수식 단독으로, 혼자서, 외동의 [본문에서는 결혼한 부부 중 한 명이 외동자녀임을 약칭함]
2	胎	tāi	몡 閉 태아, 아기
3	调整	tiáozhěng	동 조정하다, 조절하다
4	计生	jìshēng	가족계획, 산아제한
5	褒贬	bāobiǎn	동 좋고 나쁨을 평가하다
6	得出	déchū	(결론을) 얻어내다, 도출하다
7	大同小异	dàtóng-xiǎoyì	관용 대동소이하다, 큰 차이 없이 거의 같다
8	塑	sù	동 빚다, 만들다
9	老龄	lǎolíng	몡 노령, 고령
10	相提并论	xiāngtí-bìnglùn	관용 (서로 다른 사물이나 사람을) 함께 거론하다, 동일하게 취급하다
11	经济学	jīngjìxué	몡 경제학
12	明智	míngzhì	혱 현명한, 슬기로운
13	政权	zhèngquán	몡 정권
14	不可	bùkě	조 ~할 수가 없다, ~해서는 안 된다
15	猜测	cāicè	동 추측하다, 짐작하다
16	农场	nóngchǎng	몡 농장
17	战略	zhànlüè	몡 전략, 전술
18	一成不变	yìchéng-búbiàn	관용 한번 정해지면 고치지 않는다, 고정불변하다
19	竞争力	jìngzhēnglì	몡 경쟁력
20	举例	jǔ//lì	동 예를 들다, 예컨대
21	计	jì	동 계산하다, 헤아리다
22	养老金	yǎnglǎojīn	몡 양로 연금
23	开支	kāizhī	동 (비용을) 지출하다, 지급하다 몡 지출, 비용
24	城乡	chéngxiāng	몡 도시와 농촌, 도시와 시골
25	均衡	jūnhéng	혱 균형 잡힌, 균형을 이룬
26	加重	jiāzhòng	동 가중하다, 심해지다
27	婴儿	yīng'ér	몡 영아, 아기
28	食品	shípǐn	몡 식품
29	玩具	wánjù	몡 완구, 장난감
30	儿童	értóng	몡 아동
31	培训	péixùn	동 훈련하다

32	显而易见	xiǎn'éryìjiàn	관용 똑똑히 보이다, 명백히 알 수 있다
33	心疼	xīnténg	동 몹시 애지중지하다, 끔찍이 사랑하다, 몹시 아끼다
34	孤单	gūdān	형 고독한, 외롭고 쓸쓸한
35	特征	tèzhēng	명 특징, 자질
36	互	hù	부 서로, 상호
37	规避	guībì	동 교묘하게 회피하다, 피하다
38	悲观	bēiguān	형 비관적인
39	巢	cháo	명 둥지
40	关爱	guān'ài	동 관심을 기울여 배려하다, 아끼고 돌보다
41	养老	yǎng//lǎo	동 노인을 모시다, 여생을 보내다
42	父辈	fùbèi	명 아버지 세대
43	老年	lǎonián	명 노년, 노령
44	已然	yǐrán	부 이미, 벌써 동 이미 그러하다, 이미 그렇게 되다
45	赡养	shànyǎng	동 부양하다, (부모를) 봉양하다, 모시다
46	斟酌	zhēnzhuó	동 숙고하다, 따져보다
47	取向	qǔxiàng	명 선택 경향, 취향, 추세
48	添丁	tiān//dīng	동 아이(아들)를 낳다
49	不仅仅	bùjǐnjǐn	접 ~뿐만 아니다
50	居民	jūmín	명 주민, 거주자
51	水涨船高	shuǐzhǎng-chuánggāo	관용 물이 불어나면 배도 위로 뜬다, 어떤 상황이 좋아져 덩달아 향상되다
52	冷淡	lěngdàn	형 냉담한, 무관심한
53	犹豫	yóuyù	형 머뭇거리는, 주저하고 망설이는
54	粗略	cūlüè	부 대략, 대체로, 대충
55	估算	gūsuàn	동 추산하다, 어림잡다
56	远远	yuǎnyuǎn	중첩 크게, 훨씬
57	截止	jiézhǐ	동 마감하다, 일단락 짓다
58	约	yuē	부 약, 대략
59	符合	fúhé	동 부합하다, 들어맞다, 일치하다
60	夫妻	fūqī	명 부부
61	数目	shùmù	명 수, 숫자
62	人口	rénkǒu	명 인구
63	制定	zhìdìng	동 제정하다

64	失望	shīwàng	형 실망한
65	消费	xiāofèi	동 소비하다, 쓰다

고유명사

1	皮尔·波特	Pí'ěr Bōtè	인명 빌 포터(Bill Porter)
2	联合早报	Liánhé Zǎobào	연합조보(United Morning news) [싱가포르 일간지]
3	路透社	Lùtòushè	로이터 통신
4	南华早报	Nánhuá Zǎobào	사우스차이나 모닝포스트(South China Morning Post)

❶ 형태소

1 −研/研− : 심도 있게 탐구하다

예 **调研** 조사 연구 | **科研** 과학 연구 | **钻研** 깊이 연구하다 | **研究** 연구하다 | **研讨** 연구 토론하다 | **研发** 연구 개발하다 | **研习** 연구하고 배우다

2 −媒/媒− : 양쪽이 관계가 되도록 하는 사람이나 사물, 매개자, 중매인

예 **外媒** 외신, 해외 언론 | **官媒** 관영 매체 | **传媒** 매스 미디어 | **自媒** 1인 미디어 | **媒体** 미디어, 매체 | **媒介** 매개, 중개 | **媒婆** 매파 | **媒人** 중매인 | **做媒** 중매하다 | **保媒** 중매를 서다

3 −价/价− : 상품의 가격, 값

예 **房价** 집값 | **物价** 물가 | **市价** 시가 | **车价** 차 값 | **减价** 가격 할인 | **提价** 가격 인상 | **加价** 할증가 | **价格** 가격 | **价位** 가격대 | **价目** 가격, 정가

4 −减/减− : 차감하다, 낮추다, 줄이다

1. 원래의 수량 가운데 일부를 차감하다
   예 **缩减** 축소하다 | **精减** 간소화하다 | **削减** 삭감하다 | **裁减** 감축하다
2. 정도를 낮추다, 줄이다
   예 **减少** 감소시키다 | **减低** 낮추다, 인하다 | **减弱** 약해지다 | **减除** 줄이다, 없애다 | **减去** 빼다 | **减掉** 차감하다

5 −养/养− : 양육하다, 보양하다, 양성하다

1. 양육하다, 부양하다, 먹여살리다
   예 **赡养** 부모를 모시다 | **抚养** 부양하다 | **养家** 식구를 먹여 살리다 | **养活** 기르다, 사육하다

2. 휴양하다, 요양하다, 보양하다, 몸조리하다

> 예 **养颜** 얼굴을 가꾸다 | **养眼** 아름다워 눈을 즐겁게 하다 | **休养** 휴양하다 | **保养** 몸을 관리하다, 정비하다 | **营养** 영양, 영양을 섭취하다

3. 육성하다, 양성하다

> 예 **培养** 양성하다 | **教养** 교육하고 양성하다

② 성어와 숙어

1 ……**不一**　일치하지 않다

주로 '대립되는 형용사 + 不一' 혹은 '명사 + 不一'의 형식으로 쓰인다.

예 **褒贬不一** 좋고 나쁨의 평가가 제각각이다 ｜ **毁誉不一** 비방과 칭찬이 분분하다 ｜ **看法不一** 견해
가 엇갈리다 ｜ **意见不一** 의견이 분분하다 ｜ **做法不一** 방법이 각기 다르다

❶ 外媒对中国的计生政策褒贬不一。
외신의 중국 산아제한 정책에 대해 평가가 제각각이다.

❷ 专家们对这本书毁誉不一。
이 책에 대한 전문가들의 비방과 칭찬이 분분하다.

❸ 观众对《私人定制》这个电影褒贬不一。
〈개인 맞춤 제작(Personal Tailor)〉이라는 영화에 대한 관객의 평가는 엇갈린다.

❹ 美国民众对奥巴马总统毁誉不一。
미국 민중은 오바마 대통령에 대한 평판이 제각각이다.

2 **大同小异**　대동소이하다, 큰 차이 없이 거의 같다

❶ 外媒对中国的计生政策褒贬不一，但得出的结论大同小异。
외신의 중국 산아제한 정책에 대해 평가는 제각각이었지만, 결론은 대동소이했다.

❷ 我们的看法大同小异，基本上是一致的。
우리의 견해는 대동소이해서 기본적으로는 일치한다.

❸ 欧盟跟美国在很多国际争端上的态度和做法大同小异。
EU와 미국은 여러 국제 분쟁에 있어서의 태도와 방법이 대동소이하다.

❹ 这两本教材大同小异，没有太大的区别。
이 두 권의 교재는 대동소이해서 큰 차이가 없다.

3 **相提并论** (서로 다른 사물이나 사람을) 함께 거론하다, 동일하게 취급하다

'相提'는 '서로 대조하다', '서로 비교하다'라는 뜻이고, '并'은 '나란히 늘어놓다', '나란히 배열하다'라는 뜻이다.

❶ 人们也常把中国与"老龄化社会"的日本相提并论。
사람들은 중국을 '고령화 사회'인 일본과 함께 비교하곤 한다.

❷ 这是两个完全不同的概念，不能相提并论。
이것은 완전히 다른 두 개의 개념이어서 함께 논할 수 없다.

❸ 人们常把中国现在的考试升学制度跟古代的科举考试相提并论。
사람들은 중국의 현행 진학 시험 제도를 항상 고대의 과거 시험과 함께 거론하곤 한다.

❹ 小李比小王差远了，怎么可以相提并论？
샤오리가 샤오왕보다 한참 뒤떨어지는데 어떻게 동등하게 대할 수 있겠어?

4 **一成不变** 한번 정해지면 고치지 않는다, 고정불변하다, 변함없다

'成'은 '형성하다', '정하다'라는 뜻이다.

❶ 这个政策如果一成不变，其负面效应会很明显。
이 정책이 그대로 유지된다면 그 부정적인 효과가 확연히 드러날 것이다.

❷ 自然界和人类社会都在不断地变化，没有什么是一成不变的。
자연계와 인간 사회는 끊임없이 변화하고 있어서 고정불변인 것은 없다.

❸ 你这种认为事物一成不变的看法是错误的。
사물이 고정불변이라고 여기는 네 견해는 잘못된 것이다.

❹ 人不是一成不变的。在我们的耐心帮助下，他一定会改变的!
사람은 고정불변한 것이 아니다. 우리의 인내심과 도움으로 그는 반드시 바뀔 것이다!

5 显而易见 (일 또는 이치가) 매우 명백하다, 똑똑히 보이다

❶ 生两个孩子的好处显而易见。

두 자녀 출산의 장점은 명백하다.

❷ 小李换了一个离小王近点儿的工作。他这样做的目的显而易见，就是想跟小王见面更容易一些。

샤오리는 샤오왕과 가까운 직장으로 옮겼다. 그가 이렇게 한 목적은 분명한데, 샤오왕과의 만남을 좀 더 쉽게 하고 싶어서이다.

❸ 环境污染给我们带来的问题显而易见，不需要我在这儿列举了。

환경 오염이 우리에게 가져다 준 문제는 분명하므로, 내가 여기에 열거할 필요가 없다.

❹ 北京的交通存在着很多问题，这是显而易见，人人皆知的。

베이징의 교통은 문제가 많은데, 이것은 모두가 다 아는, 너무나 뻔한 것이다.

6 水涨船高 물이 불어나면 배도 위로 뜬다

기초가 향상되면 그것에 기반을 둔 사물도 덩달아 향상됨을 비유한다.

❶ 城镇居民的生活成本水涨船高，二胎显然不是人人都能 "消费" 得起。

도시민들의 생활비도 덩달아 증가하게 되므로, 모든 사람이 두 자녀를 키울 수 있는 '경제력'이 되지 않는 것은 분명하다.

❷ 家长都想给孩子选个好学校，认为水涨船高，好的学习环境可以把孩子带动起来。

부모들은 자녀에게 좋은 학교를 선택해 주고 싶어 하는데, 이는 물이 불어나면 배도 위로 뜨는 것처럼, 좋은 학습 환경이 아이를 이끌어 줄 수 있다고 생각하기 때문이다.

❸ 这几年很多外地人都在北京买房子，水涨船高，就把北京的房价炒起来了。

요 몇 년 동안 많은 타지 사람들이 베이징에 집을 샀는데, 그 변화의 영향으로 베이징의 부동산 가격이 폭등하였다.

❹ 人人都想上有名的大学，结果是水涨船高，把这些大学的学费哄抬起来了。

누구나 명문 대학에 가고 싶어 하자, 결국엔 그 영향으로 이들 대학의 등록금도 덩달아 인상되었다.

❸ 어구와 문형

1 一直 부사 계속해서, 연속해서, 끊임없이, 줄곧, 내내

동작이 지속되거나 상태가 변함없이 유지됨을 나타낸다.

❶ 计划生育政策自从1980年开始实施以来一直受到官方的称赞，说该政策遏制了人口大规模增长。

산아제한 정책이 1980년부터 시행된 이래로 이 정책은 줄곧 인구의 대규모 증가를 억제한다는 정부의 찬사를 받아 왔다.

❷ 一直关注中国计划生育政策的英国人口老龄化学会学者皮尔·波特认为，近40年的计划生育政策可以说是中国人口战略史上的成功一步。

중국의 산아제한 정책을 줄곧 지켜봐 온 영국의 인구 고령화 학회의 학자 빌 포터는, 최근 40년간의 산아제한 정책은 중국 인구 전략의 역사에 있어서 성공적인 조치였다고 생각한다.

❸ 他上大学已经三年了，可还是一直保持跟中学老师的联系。

대학에 진학한 지 벌써 3년이 지났지만 그는 아직도 중고교 선생님과 연락을 계속 유지하고 있다.

❹ 我一直喜欢看京剧，最近又喜欢上了昆曲。

나는 줄곧 경극 보는 것을 좋아했고, 요즘은 곤곡까지 좋아하게 되었다.

*昆曲 Kūnqǔ 중국 곤산(昆山) 지역에서 유래한 전통 연극. 경극, 천극 등 중국 전통 연극의 기반으로써 '중국 희곡의 시조', '중국 희곡의 스승'이라고 불린다. 2001년 유네스코 세계 무형 문화 유산에 선정되었다.

2 一旦 어느 날, 갑자기, 일단(만약) ~한다면

불확정적인 시간을 나타내는 시간사로, '어느 날'이라는 뜻을 나타낸다. '一旦……就……'는 가정의 상황에 쓰이며, '如果/要是……就……'의 용법과 유사하다.

❶ 一旦中国进入老龄化发展阶段，就会在国际上越来越缺少竞争力。

일단 중국이 고령화 단계로 접어들면 국제적인 경쟁력이 점점 떨어질 수밖에 없다.

❷ 夫妻二人一旦失去相互的信任，就很难重新建立信任感。

부부 두 사람이 서로에 대한 신뢰를 잃으면, 신뢰감을 다시 쌓기 어렵다.

❸ 开车要时时注意安全。一旦大意，就会出事故。

운전할 때는 늘 안전에 주의해야 한다. 일단 방심하면 사고가 날 수 있다.

❹ 这个房子已经长年失修，一旦发生轻微地震，就会倒塌。

이 집은 이미 오랫동안 수리를 하지 않아서, 약한 지진이 발생하기만 해도 무너질 것이다.

3 导致 [동사] 야기하다, (어떤 사태를) 초래하다

주로 문어에 쓰인다. '导致失明(실명을 초래하다)', '导致犯罪(범죄를 초래하다)'와 같이 부정적인 결과가 초래되었음을 나타낼 때 사용한다.

❶ 现有人口政策会导致城乡人口发展不均衡的现象加重。
기존의 인구 정책은 도시와 농촌의 인구 불균형 현상의 가중을 초래할 것이다.

❷ 上个世纪50年代中国没有采用马寅初的人口控制政策，导致了人口膨胀。
1950년대 중국은 마인추의 인구 통제 정책을 채택하지 않아 인구 팽창을 초래했다.

❸ 2008年的金融危机导致了全球的经济下滑。
2008년의 금융 위기는 글로벌 경제 하락을 초래했다.

❹ 城乡经济发展的不平衡容易导致严重的城乡差别和两极分化。
도시와 농촌의 경제 발전 불균형은 심각한 도농 격차와 양극화를 초래하기 쉽다.

4 一向 [부사] 1. 줄곧, 내내   2. (이전부터 오늘까지) 여태까지, 그동안

1. 줄곧, 내내

❶ 家庭养老一向是中国人传统的养老模式。
가정에서의 노인 봉양은 줄곧 중국인들이 노인을 모시는 전통적인 방식이었다.

❷ 我一向都是早睡早起。
나는 줄곧 일찍 자고 일찍 일어났다.

❸ 小李一向吃素。
샤오리는 내내 채식을 했다.

2. (이전부터 오늘까지) 여태까지, 그동안

❶ 她一向住在纽约。
그녀는 여태까지 뉴욕에 살았다.

❷ 你一向可好?
너는 그동안 잘 지냈었니?

8-3

云南"光棍村"：人口性别比例失衡一案

近年来，农村适龄男女比例严重失调，大龄男青年娶妻难的问题令人担忧。以宣威市文兴乡赵家村为例，该村30岁以上还没有娶妻成家的男青年就达40多人。是什么造成这样的状况呢？记者作了进一步了解。

贫困是娶妻难的主因

该村共有农户105户480人，人均纯收入仅1000余元。这个村子里的女青年大多不愿意嫁在本村，有的早早嫁到外村，有的长期外出打工后远嫁他乡。而外村的女青年也不愿意嫁到这个村，致使村中的男青年只能打"光棍"。对他们而言，娶妻、生子成了一种奢望，长期下来，性格变得孤僻和怪异，自身生理、心理、精神压力极大，其家庭也受到影响。近几年来，这个村的男青年很少有娶到媳妇成家的。据统计部门数字显示，自2000年全国第五次人口普查以来，该村人口一直呈现负增长状态。

农村许多男青年娶不上媳妇，不仅影响到这些人及其家庭的生活，也直接关系到农村经济的进一步发展和社会的和谐稳定。

男女性别歧视酿"苦果"

长期以来，在广大农村，特别是边远贫穷落后的山区，由于受"重男轻女"、"传宗接代"、"养儿防老"等传统观念的影响，一些农民非法实施胎儿性别鉴定和选择性别的人工妊娠行为；有的家庭即使生了女孩，也会忍痛送人领养；有人甚至违反人口与计划生育政策，强行超生，不生男孩誓不罢休。种种结果导致农村出生人口男女性别比例偏高甚至失衡，最直接的结果便是众多大龄男青年的出现。

此外，一些贫困农村劳动力大量流入城市或发达地区，家中只剩老人、儿童及部分已婚妇女，适龄的女青年少，造成一大批农村大龄男青年难以成家。

"男盈女亏时代"已经来临

中国社会科学院发布的2010年《社会蓝皮书》指出，目前中国19岁以下年龄段的人口性别比严重失衡，到2020年，中国处于婚龄的男性人数将比女性多出2400万。经测算，届时将有上千万适龄男性面临"娶妻难"。有人说，这折射出"男盈女亏"的时代已经来临。南开大学经济学院人口与发展研究所教授原新说："在短短二十多年的时间里，出生人口性别比偏高地区从东部向西部，从农村向城市迅速蔓延，几乎覆盖全国各地。"

专家忧虑地指出：家庭是社会的基础，家庭的稳定是社会稳定的前提。当婚而不能婚的男性剧增，会危及婚姻和家庭稳定，大大增加买卖婚姻、拐卖妇女、卖淫嫖娼等违法犯罪行为。男女比例失调还会带来就业挤压问题。男性劳动力过剩会增加劳动力就业市场的竞争，加剧女性就业难度；某些行业和职业中，可能出现女性短缺而要男性替代的现象。出生人口性别比失衡已成为中国社会一大"顽疾"，需要引起政府和社会的高度重视。

📑 본문의 내용에 근거하여 다음 문제에 대해 이야기해 보세요.

1. 什么是"光棍"和"打光棍"？为什么赵家村叫"光棍村"？

2. 为什么女青年不愿意嫁到赵家村？打光棍对赵家村的男青年有什么不好的影响？对家庭和社会有什么影响？

3. 造成赵家村男女性别比例失衡，大龄男青年偏多的主要原因有哪些？

4. 男女比例失调在中国是个别现象还是普遍现象？这个问题会带来什么社会隐患？中国应该怎么解决这个问题？

5. 韩国有没有男女比例失衡的问题？为什么？

8-4

1	光棍(儿)	guānggùn(r)	몡 총각, 미혼남
2	失衡	shīhéng	됭 균형을 잃다
3	适龄	shìlíng	몡 적령, 적합한 연령
4	失调	shī//tiáo	됭 균형을 이루지 못하다, 조화롭지 못하다
5	大龄	dàlíng	몡 (혼기를 놓친 비교적 나이가 많은) 노총각과 노처녀
6	娶	qǔ	됭 장가가다, 장가들다, 아내를 얻다
7	妻	qī	몡 어근 아내, 처
8	主因	zhǔyīn	몡 주요 원인
9	农户	nónghù	몡 농가
10	纯	chún	혱 순수한, (돈의 액수에 대해) 순
11	余	yú	㑔 ~여, 남짓
12	村子	cūnzi	몡 마을
13	外出	wàichū	됭 (일하러) 외지로 가다
14	打工	dǎ//gōng	됭 비정규직으로 일하다, 일용직을 하다
15	他乡	tāxiāng	몡 타향
16	致使	zhìshǐ	됭 (어떤 결과를) 초래하다, 야기하다, 낳다
17	奢望	shēwàng	몡 지나친 바람, 과욕, 비현실적인 꿈
18	孤僻	gūpì	혱 괴팍한, 사교성 없고 별난
19	怪异	guàiyì	혱 이상한, 별난
20	媳妇	xífù	몡 아내, 며느리
21	普查	pǔchá	됭 전수조사하다, 일제 조사하다 몡 전수조사
22	呈现	chéngxiàn	됭 나타나다, 양상을 띠다, 보이다
23	负	fù	혱 마이너스의, 부정적인
24	和谐	héxié	혱 잘 어우러지는, 조화로운
25	男女	nánnǚ	몡 남녀
26	酿	niàng	됭 어근 (술을) 빚다, 빚어내다, 형성하다, 초래하다
27	苦果	kǔguǒ	몡 나쁜 결과, 쓰라린 경험, 쓴맛
28	边远	biānyuǎn	혱 중앙에서 멀리 떨어진, 외딴
29	贫穷	pínqióng	혱 가난한, 궁핍한, 빈곤한
30	传宗接代	chuánzōng-jiēdài	관용 대를 잇다, 혈통을 잇다
31	非法	fēifǎ	혱 불법적인
32	鉴定	jiàndìng	됭 감정하다, 판별하다, 식별하다

33	忍痛	rěn//tòng	동 (어쩔 수 없이) 고통을 참다
34	领养	lǐngyǎng	동 (아이를) 입양하다
35	强行	qiángxíng	동 강행하다, 강제로 시행하다
36	超生	chāoshēng	동 (산아제한 정책을 어겨) 초과 출산하다
37	誓不罢休	shìbúbàxiū	관용 절대로 그만두지 않겠다고 다짐하다, 포기하지 않을 것을 맹세하다
38	流入	liúrù	동 유입되다, 흘러들다
39	盈	yíng	동 가득하다, 풍족하다 형 충만한, 풍만한
40	亏	kuī	동 부족하다, 모자라다, 손해보다, 손실을 보다
41	届时	jièshí	부 예정된 시기가 되다, 당일이 되다
42	折射	zhéshè	동 굴절하다, (사물의 특징이나 실질을) 반영하다 명 굴절, 투영
43	经济学院	jīngjì xuéyuàn	경영학부
44	人口与发展研究所	rénkǒu yǔ fāzhǎn yánjiūsuǒ	인구와 발전 연구소
45	蔓延	mànyán	동 만연하다, 널리 번지어 퍼지다
46	覆盖	fùgài	동 덮다, 뒤덮다
47	基础	jīchǔ	명 기초, 기반
48	前提	qiántí	명 전제, 전제조건
49	剧增	jùzēng	동 급증하다, 폭증하다
50	危及	wēijí	동 위험이 미치다, 위협하다, 해치다
51	拐卖	guǎimài	동 유괴하여 팔다, 인신매매하다
52	卖淫	mài//yín	동 (여자가) 몸을 팔다, 성매매하다
53	嫖娼	piáo//chāng	동 기생집에 드나들다, 윤락녀와 놀다
54	挤压	jǐyā	동 밀어 누르다, 압박하다
55	过剩	guòshèng	동 (공급이 구매 능력보다) 넘치다, 과잉되다
56	加剧	jiājù	동 악화되다, 격화되다, 심해지다
57	短缺	duǎnquē	동 부족하다, 결핍되다
58	顽疾	wánjí	명 고질병, 만성질환

1	云南	Yúnnán	지명 윈난
2	宣威市	Xuānwēi Shì	지명 쉬안웨이시
3	文兴乡	Wénxīng Xiāng	지명 원싱향
4	赵家村	Zhàojiā Cūn	지명 자오쟈촌
5	中国社会科学院	Zhōngguó Shèhuì Kēxuéyuàn	중국 사회 과학원(Chinese Academy of Social Sciences, CASS)
6	社会蓝皮书	Shèhuì Lánpíshū	사회 보고서
7	南开大学	Nánkāi Dàxué	난카이대학
8	原新	Yuán Xīn	인명 위안신

한국어 번역

主课文 [Main Text]

副课文 [Plus Text]

경제 개혁은 경제 위기와 어떻게 경주할 것인가

2008년 발생한 경제 위기는 1930년대 경제 대공황이래 가장 심각한 상황으로, 전 세계 경제에 지대한 영향을 끼쳤다. 그래서 사람들은 이것을 '금융 쓰나미'라고 부른다. 이러한 위기가 닥쳤을 때, 중국 정부는 일련의 경제 정책을 실시하여 이 위기에 성공적으로 대응하였고, 아울러 세계 경제의 회복과 발전을 위해 공헌하였다. 통계에 따르면, 중국은 경제의 하락 추세를 억제했을 뿐 아니라, 2009년 상반기 국내생산총액(GDP)이 7.1%에 이르도록 속도를 높였다. 그러나 동시에, 중국 경제는 여전히 불안하고 불균등한 상태가 지속되고 있음을 통계를 통해 알 수 있다. 이러한 경제 위기의 위협 속에서 어떻게 경제의 안정성과 지속 가능한 발전을 유지하는가가 바로 현재 중국이 당면한 중대 도전이라 할 수 있다.

중국의 경제는 개혁개방 이후 고속으로 발전해 왔다. 그래서 외국 언론들은 심지어 이를 '중국식 모델'이라고 부르기도 한다. 이러한 경제 발전 모델은 시장을 경제 활동의 주체로 삼고, 국가는 시장에 대해 관리 감독을 한다. 즉 국가는 '지도자'의 역할을 하면서 임무와 목표를 확정해주고 아울러 경제가 이러한 목표를 실현할 수 있는 방향으로 나아가도록 인도한다. 이 가운데 가장 중요한 특징은 바로 대외 무역과 투자 개방, 그리고 국제 경제에 융합될 수 있는 개방 모델이다. 이 밖에도 중국이 각종 상황에 직면했을 때 보여준 융통성과 적응력 역시 중국 경제 성공의 주요 관건 중 하나라 볼 수 있다. 그러나 현재 중국 경제 발전의 세 가지 중요 요소인 수출, 투자, 소비 모두 문제에 직면해 있다. 수출이 직면한 문제 중 하나는 위안화 평가 절상으로 인해 발생하는 원가 경쟁력의 하락이다. 현재 중국의 많은 수출 기업들이 너나 할 것 없이 베트남 등지로 가서 공장을 설립하고 있으며, 그 목적은 바로 원가 절감이다. 수출의 또 다른 문제는 국제 무역의 불균형과 관련이 있다. 대규모 수출로 인해 다른 나라에서 보호 무역주의가 대두되고 있고 무역 장벽이 설치되고 있다. 투자가 직면한 문제는 주로 중국의 철강, 시멘트, 석탄 등 분야에서의 생산 능력 과잉이다. 연구에 따르면, 31개 분야 중 28개가 생산 능력 과잉 상태라고 한다. 따라서 단순히 투자에 의존해 경제 발전을 이끄는 데 다소 어려움이 있다. 한편, 중국에서 소비는 국민생산총액(GNP)에서 단 3분의 1밖에 차지하지 않는다. 서민들은 진료를 받거나 학교에 다니는 등의 금액이 큰 소비 지출을 모두 본인이 부담해야 하므로 돈을 모아야만 한다. 이것이 바로 소비력이 낮은 근본적인 원인이다.

이러한 문제에 직면하여 어떠한 개혁 조치를 취해야 할 것인가? 먼저 정부는 경제 구조를 조정해서 내수를 확대해야 한다. 수출이 국민생산총액을 높이는 주요 경제 방식이라고 보면 안 된다. 동시에 국민들에게 교육과 의료 서비스를 보장하여 소비력을 증진해야 한다. 그다음으로 민영 기업이 각 분야로 진출할 수 있게 허가하고 그들의 법률적 지위도 높여야 한다. 그렇게 함으로써 민영 기업의 시장 경쟁력을 향상시킬 수 있다. 이와 동시에 도시화를 진행하는 과정에서 농민을 위해 더욱 많은 보장을 제공해야 한다. 그리고 정부는 공개적이고 투명한 시장을 보장함으로써 경제 발전을 위한 양질의 환경을 제공해야 한다. 이 외에 중요한 조치로 바로 '친환경 경제'를 발전시켜야 한다. 경제 회복을 추구해가는 과정에서 '친환경 경제', '저탄소 경제'는 이미 많은 국가의 핵심 사항이 되었다. 이에 미국은 신에너지, 저탄소 경제를 미래 경제의 성장 포인트로 삼는 데 전력을 다하고 있다. 유럽연합(EU) 역시 과학 기술의 혁신 추진을 경쟁력 강화의 관건으로 보고 있다. 한편, 일본은 '세계 이산화탄소 저배출 혁명을 이끌자'라는 구호를 내걸고 있다. 일본 정부는 56조 8천억 엔에 이르는 경기 부양책 중에서 6조 엔을 친환경 산업 발전에 사용하고 있다. 이렇게 본다면, '친환경 경제'의 발전이야말로 미래를 생각한 고민이라 할 수 있고, 또 중국 경제가 미래에 점진적인 발전을 유지해 나갈 수 있는 중요한 개혁 조치라고 할 수 있다.

역사적으로 큰 경제 위기 때마다 세계 경제는 심각한 타격을 받아 왔다. 이와 동시에 새로운 발전을 위한 기회를 촉진하기도 하였다. 따라서 이러한 기회를 잘 포착하고 효과적인 경제 개혁을 시행한다면 위기와 경주하는 동시에 승리도 거머쥘 수 있을 것이다.

중국에서의 월마트

월마트는 1962년 설립된 세계 최대의 체인 소매업체이다. 월마트는 1996년 중국에 입성한 이래로 대대적으로 체인점을 설립하기 시작했다. 통계에 따르면, 월마트는 중국에서 약 400개의 지점을 운영하고 있다. 그리고 2012년 판매액이 무려 100억 달러에 이르고 있다.

월마트는 여러 방면의 성공 요소를 갖고 있다. 그중 가장 중요한 것은 바로 '매일매일 적정 가격 유지'라는 판매 이념이다. 그렇다면 월마트는 이러한 '매일매일 적정 가격 유지'를 어떻게 실현하고 있는 것일까? 이는 재고 상품을 처리한다거나 품질이 떨어지는 상품을 판매하는 식으로 이루어지는 것이 아니라, 끊임없이 원가를 낮춤으로써 실현되고 있다. 구체적으로 말하면, 첫 번째로 구매의 현지화를 실현하였다. 중국에서 월마트가 판매하는 상품의 95%가 모두 '중국에서 만든 것'이다. 이런 식으로 원가를 절감하면서 현지 고객의 소비 습관에도 적응했다. 그다음으로 이들은 현대화된 물류 배송 센터를 건립하였다. 첨단 과학 기술을 운용하여 컴퓨터화된 통일 관리를 실현하였고, 이로써 효율을 대폭 높이고 원가는 낮추었다. 마지막으로 영업 원가를 낮추었다. 월마트 본사 사무실이든 각 체인점이든 사치스러운 인테리어를 모두 없앴다. 낮은 가격대를 유지하기 위해 월마트는 손실을 최저 한도까지 낮춘 것이다. 이러한 전략으로 월마트의 경영 원가는 동종 업계의 경쟁자들에 비해 훨씬 낮아지게 되었다. 이 외에도 중국에서 월마트는 지역 사회 봉사나 자선 활동 등을 적극적으로 전개하여 각종 자선 사업에 7,700만 위안 이상의 물품과 자금을 기부하기도 하였다. 월마트는 중국 경영에서 지속적인 현지 물품 구매, 더욱 많은 취업 기회 제공, 현지 제조업 지원을 통해 현지의 경제 발전을 촉진했다.

최근에 이 회사는 2014년부터 2016년까지 중국에 110개의 지점을 더 설립할 것이라고 발표하였다. 영국 '파이낸셜 타임스'의 보도에 따르면, 월마트의 분점 설립 외에, 월마트가 경영하는 샘스클럽 역시 중국 시장을 겨냥하고 있다. 중국에서는 교통 체증과 시내의 주차난 때문에 소비자들이 차를 몰고 교외로 쇼핑하러 가는 경향이 있다. 그래서 대도시 교외 지역의 샘스클럽은 바로 이러한 소비자를 위해 편의를 제공하고 있다. 한편, 월마트는 현재의 운영 모델에 대한 조정 작업을 진행하여 더욱 새롭게 변화를 주어 소비자 시장의 빠른 변화에 적응할 계획을 세우고 있다. 여기에는 원가를 절감함으로써 보다 강한 기업을 건립하는 것이 포함되고, 또 신선식품과 각종 잡화의 품질에 더욱 더 신경을 씀으로써 일류의 식품 안전 방안을 수립하는 것도 포함된다. 2014년 10월 전까지 중국의 모든 월마트는 품질 감독과 규격에 맞는 관리 감독을 갖춘 과일 및 건과 배송 센터를 사용할 수 있다. 확장 계획의 일부분으로, 월마트는 새롭게 증설된 상점과 배송 센터를 통해 중국에 1만 9천 개의 일자리를 만들 것을 약속하였다. 레이 브레이시 월마트 중국지부 부사장은 "우리는 중국에서 더 많은 이익을 얻기를 희망한다."라고 밝혔다.

主课文 Main Text

중국 동성애 현상에 대한 분석

2008년 5월 15일 오전, 미국의 캘리포니아주 대법원에서는 동성 결혼이 합법이라고 판결하였다. 이 판결에 의해 캘리포니아주는 미국에서 법률적으로 동성 결혼을 허가한 두 번째 주가 되었다. 현지 시각 6월 17일, 캘리포니아주의 유명 여성 화교 작가인 시에한란 씨는 반려자와 함께 샌프란시스코 시청 사법관의 주례 하에 결혼식을 올렸다.

아이바이왕은 즉시 이 소식을 보도하였다. 아이바이왕은 동성애자, 양성애자 및 트랜스젠더의 사람들을 위해 정보를 제공하는 중국어 사이트이다. 많은 이들이 이곳 게시판에 '너무 부럽다', '너무 감동적이다'라는 소감을 토로하기도 하였다. 중국에서 동성애는 여전히 비주류의 금기 화제이지만, 중국 사회의 동성애에 대한 관용도는 점차 확대되고 있다.

동성애자의 스트레스

권위 있는 통계에 따르면, 중국에는 약 3천만 명의 동성애자가 존재한다. 주류 사회의 편견과 무시로 인해 절대다수의 동성애자들은 어쩔 수 없이 자신의 신분을 감추고 여전히 가면을 쓰고 생활한다. 그들의 스트레스는 주로 아래의 몇 가지 방면에서 기인하고 있다.

먼저, 중국의 전통적인 윤리 도덕관에서는 '남자가 성인이 되면 장가를 가고, 여자가 성인이 되면 시집을 가야 한다', '불효에는 세 가지가 있는데, 자손이 없는 것이 가장 크다'라고 여기고 있다. 동성애는 자식을 낳을 수 없으므로 이로 인해 동성애가 '대역무도'의 범주에 속하게 되는 것이다. 이러한 이유로 많은 동성애자는 현재 최대의 스트레스가 사회로부터 오는 것이 아니라 바로 가정에서 오는 것이라고 여기게 되었는데, 이는 대다수의 부모가 바로 이러한 현실을 용납할 수 없기 때문이다. 그다음으로 중국 사회는 수치스러움과 공동체 의식을 강조한다. 그래서 만약 동성애의 신분이 탄로난다면 동성애자의 지인들은 이로 인해 체면이 깎였다고 느낄 것이다. 마지막으로, 에이즈를 주로 동성애와 연관 짓는 선전으로 인해 관련 지식이 부족한 사람들의 동성애에 대한 차별이 심화되었다.

이성애자의 포용

전반적으로 미국이나 유럽과 비교해 볼 때, 중국은 예로부터 지금에 이르기까지 동성애에 대해 상대적으로 관용적인 태도를 취해 왔다. 중국의 수천 년간의 역사에서, 여태까지 동성애자들을 잔혹하게 박해했다는 기록은 없다. 또한 그 누구도 동성애로 인해 사형에 처했다는 사실도 없다. 즉, 대중의 여론은 동성애에 대해 줄곧 온건한 태도였다. 중국의 대중들은 동성애에 대한 수용 정도가 비교적 높은 편인데, 역사와 문화 분야의 원인으로 아래의 몇 가지를 들 수 있다.

먼저, 중국 역사에는 일찍이 동성애 관련 기록이 많이 있다. 춘추 전국 시대의 사회는 미남을 숭상하는 풍속이 있어서 관련 고사성어가 만들어지기까지 하였다. '余桃(먹다 남은 복숭아)', '断袖(옷소매를 자르다)' 등은 바로 동성애의 대명사이기도 하다. 그다음으로 중국인들은 보편적 신앙으로서의 종교가 없다. 대부분의 중국인은 종종 평상심과 직관으로 사람이나 일을 평가하여, 동성애가 다른 이를 해하지 않기 때문에 상관없다고 여기는 편이다. 셋째로 이러한 태도는 아마도 중국인들의 민족성과 관련이 있는 듯하다. 중국 문화는 유구한 역사를 가지고 있기에 중국인들은 자신의 주류 문화에 대해 자신감이 넘쳐난다. 그래서 지금껏 비주류 문화에 의해 영향을 받을 것이란 걱정을 하지 않았다. 사람들은 비주류 문화에 대해 종종 무관심한 태도를 보이는 정도이지, 그것을 잔혹하게 박해하는 정도는 아니었다. 넷째로 중국에서는 동성애의 법률적 지위가 매우 모호하다. 동성애에 대하여 중국에서는 명확한 법률 조항으로 금지하지 않았다.

중국 정부 당국의 최근 조사에 따르면, 중국 대중들의 동성애에 대한 수용도는 90%로, 미국의 86%를 뛰어넘는다고 한다. 2005년 9월 7일, 푸단대학은 전국의 고등 교육 기관 중에서 가장 먼저 동성애 연구 관련 선택 과목을 개설하기도 하였다. 2005년, 중국 정부의 주류 매스컴을 대표하는 CCTV에서는 동성애 관련 프로그램인 〈생명의 이름으로(以生命的名义)〉를 방영하기도 하였다. 그리고 2006년에 CCTV 음악 채널에서는 동성애를 주제로 한 음악 TV 〈사랑은 구분하지 않는다(爱不分)〉을 방영한 바 있다. 한편, 2007년에 봉황위성TV의 인터뷰 프로그램인 〈루위의 인터뷰(鲁豫有约)〉에서는 〈게이 애인(同志爱人)〉, 〈레즈비언 이야기(拉拉的故事)〉, 〈친밀한 연인(亲密爱人)〉 등을 주제로 몇 회에 걸쳐 동성애자 인터뷰 프로그램을 제작하기도 하였다. 이와 동시에, 더욱 많은 게이 사이트, 바(bar), 응급 핫라인 등이 지속해서 출현하였고, 《点》, 《Les+》, 《同语》 등의 동성애 관련 도서 역시 계속해서 출판되고 있다. 그리고 지금은 점점 더 많은 동성애 관련 주제의 중국어 영화가 상영되고 있는데, 그중 비교적 유명한 것으로는 《해피 투게더(春光乍泄)》, 《란위(蓝宇)》, 《동궁서궁(东宫西宫)》, 《나비(蝴蝶)》, 《타투(刺青)》 등이 있다.

副课文 **Plus Text**

미국에서의 동성애

2004년 5월 16일, 마치 팬들이 콘서트 입장권을 구매하기 위해 줄을 서듯, 수많은 동성애자가 물밀 듯이 밀려와, 미리 몇 시간 전부터 미국의 매사추세츠주 케임브리지 시청 밖에서 혼인 신고를 기다리고 있었다. 2012년 5월 16일, 미국의 오바마 대통령은 미국 ABC 방송국의 취재 도중 자신은 동성애 결혼을 지지한다고 선포하였다. 이것은 역사상 최초로 미국의 대통령이 재임 기간 중 동성애 문제에 대해 명확한 성명을 발표한 것이었다. 여론 조사에 따르면, 미국 시민들의 동성애에 대한 태도는 전보다 중대한 변화가 발생하였다고 한다. 최근에 발표한 갤럽 여론 조사 발표에 따르면, 2015년 미국 동성애 결혼 지지율이 역사상 최고치를 기록했다고 한다. 갤럽에 의하면, 조사 대상 중 60%가 동성 간의 결혼은 마땅히 법률적인 허가를 받아야 한다고 보았고, 37%는 이에 대해 반대를 표시했다. 그런데 1996년에는 미국인 중 단 27%만이 동성애를 지지했고, 68%가 반대를 하였다. 동성 간의 결혼 문제에 있어서 2004년 미국 최초의 동성 커플이 매사추세츠주에서 결혼한 이래 동성 결혼은 현재까지 이미 미국의 37개 주와 수도 워싱턴에까지 확대되었다. 그리고 미국 연방대법원은 2015년 6월 말, 동성 결혼이 미국 전체에서 합법화할 수 있는가의 문제와 관련하여 판결하였고, 결국 동성 결혼의 합법성을 승인하였다.

서구 사회는 동성애에 대한 박해와 무시로부터 포용에 이르는 기나긴 과정을 거쳤다. 문화의 주류에서 동떨어진 동성애라고 하는 비주류 문화를 미국 전체가 수용하게 만드는 일은 결코 쉬운 일이 아니다. 아래의 몇 가지 사항이 바로 미국인이 동성애 문화를 받아들일 수 없는 주요 원인이었다.

1. 뿌리 깊이 박혀 있는 종교적 신앙

구미 사회에서 동성애에 대해 반대하는 주요 원인은 바로 그들에 대한 《성경》의 세례 때문이라 할 수 있다. 《성경》에서는 결혼이란 반드시 한 명의 남자와 한 명의 여자의 결합이라고 말하고 있다. 하나님이 남자와 여자를 창조하였고, 남자와 여자는 아이를 낳을 수 있다. 그런데 동성애는 후대를 이어나갈 수 없으므로 이것이 바로 하나님이 사람을 창조한 원칙을 위반하는 것이다. 미국은 기독교를 기반으로 하는 나라이다. 그리고 그 땅에 사는 사람들은 당연히 그 원칙에 따라 자손 대대로 생명을 이어나가야 한다.

2. 무형의 손——정치적 영향

경선에서 더 많은 표를 얻기 위해 미국의 공화당과 민주당은 동성애에 대해 서로 다른 태도를 취한다. 비교적 보수적인 공화당은 그 주요 지지자가 중산 계급 및 부유층으로 대부분 전통적인 관념을 가진 이들이다. 이로써 공화당의 태도는 반대가 주를 이룬다. 반면, 지지자가 주로 여성, 소수민족, 저소득층인 민주당은 상대적으로 개방적이다. 이처럼 무형의 손이 미국 사회의 동성애 문화에 대한 수용성에 큰 영향을 주고 있다.

3. '에이즈' 전파의 속죄양

1980년대 동성애자의 몸에서 최초의 에이즈 균이 검출되었다. 일부 동성애자의 부주의한 소치이든, 일부 보수 인사의 고의적인 오도의 소치이든, 결국 일반 대중들에게 '동성애=에이즈'라는 잘못된 관념을 안겨주고 말았다. 에이즈는 개인에게 큰 손실과 피해를 가져다주기도 하지만, 더 나아가 대중들이 동성애자에 대해 편견으로 배척하게끔 했다. 비록 에이즈를 유발하는 것은 난잡한 성교이며, 동성애자와 에이즈는 필연적인 관계가 없다고 현대 의학이 증명하였지만, 동성애자들에 대한 부정적인 영향은 여전히 없어지지 않았고 심지어 전 세계로 확산되었다.

4. 주류 속에서의 먹구름——비주류 문화

예로부터 지금까지 남녀가 서로 짝을 짓는 것은 영원한 주류의 사상이며, 나중에 나타난 동성애 사조는 주류 사상과 대적할 수가 없었다. 따라서 동성애 문화가 주류 사조 아래에서 생존해나가는 것이야말로 지극히 어려운 일이다.

이상에서 미국 동성애 문화가 발전 과정에서 이미 부딪쳐 온 곤경과 또 앞으로 겪어야 할 어려움에 대해 언급했으나, 동성애 문화는 여전히 왕성하게 성장하고 있다. 우리는 사회가 이를 허락하는 것을 보았다. 그것은 바로 모든 사람이 자신의 자유와 행복을 추구할 권리가 있기 때문이다.

3D打印与未来生活

3D 프린팅과 미래의 삶

전병은 우리가 일상에서 자주 보는 길거리 음식이고, 3D 프린팅은 고도의 선진 기술이다. 이 두 가지를 함께 결합하면 어떤 모습이 될까? 최근 외국의 한 웹사이트인 Kickstarter는 전병 예술가라고 불리는 3D 전병 프린터를 출시했다. 이것은 자체적으로 밀가루 반죽 용기와 프라이팬을 가지고 있으며 전자동으로 작동한다. 이 프린터는 전병 모양의 디자인을 완성할 소프트웨어 세트가 필요하고, 그다음에는 메모리 카드를 통해 사진을 컴퓨터에서 프린터로 복제하기만 하면 우리는 앉은 자리에서 바로 전병을 먹을 수 있다.

3D 프린팅은 사람들이 늘 말하는 적층 가공으로 디지털 문서를 이용하여 3D 프린터가 3차원 물체를 만들어내는 선진적인 제조 방식이자 설계 공정이다. 최근 몇 년 사이에 3D 프린팅은 이미 과학 기술 산업에서 매우 중요한 역량이 되었으며, 국방, 항공 우주, 바이오 의약, 토목 공학 등의 영역에서 광범위하게 응용되고 있다. 아마도 당신은 3D 프린팅이 당신의 삶과는 아직 거리가 요원하다고 느낄지도 모른다. 그러나 이는 미래의 삶을 완전히 바꿔 버릴 수 있는 기술이다. 작게는 나사 하나에서 크게는 집 한 채까지 3D 프린팅은 마치 '못 하는 것이 없는 것'처럼 보인다. 새로운 디지털 생산 혁명이 벌써 소리 소문 없이 우리 곁에 와 있다.

영국 케임브리지대학의 연구원은 3D 기술로 쥐의 망막 세포를 복원했고, 미국 기업은 3D 기술로 금속 총을 만들었으며, 일본 경시청은 3D 프린팅 기술로 범죄 사건 현장을 원상 복구하여 중대 살인 사건을 해결하고 범죄자를 체포했다. 영국의 〈데일리 메일〉의 12월 7일 자 보도에 따르면, 3D 기술로 오바마 미국 대통령의 조각상을 출력하는 데 성공했다. 80년대생인 한 건축가 부부는 그들의 결혼식에서도 3D 프린팅 기술을 사용했다. 그들은 3D 프린팅이 현실과 동떨어져 너무 높거나 멀리 있는 것이 아니라 우리의 삶과 함께 융합될 수 있는 것이라고 말한다. 예를 들면 그들의 결혼식에서 사용된 조명, 사탕 상자, 젓가락, 액세서리, 심지어 결혼반지, 부케, 웨딩드레스 등도 전부 그들이 스스로 디자인하여 3D 프린팅으로 제작한 것이다. 3D 프린팅 기술의 발전은 우리의 삶에 무한한 가능성으로 통하는 대문을 활짝 열어 주었다.

3D 프린팅이 의료 영역에서 가장 흔히 보여주는 용도 중의 하나는 바로 뼈, 연골의 대체품과 의료 설비 제작이다. 이 방면에서의 활용은 이미 큰 진전을 거두었다. 며칠 전 미국 동물 보호 기구는 3D 프린팅 기술로 의족을 제작하여 왼쪽 발이 기형이었던 새끼 오리가 생애 처음 정상적으로 걸을 수 있게 했다. 마오마오는 선천적 장애를 가진 새끼 오리로, 태어나면서부터 왼발이 잘못된 방향으로 자라나 앞쪽이 아닌 뒤로 걸었다. 왼발이 심각한 기형이었기에 마오마오는 정상적으로 걸을 수 없었는데, 걸을 때마다 발에 통증이 계속되었고, 심지어 감염되기도 하여 치명적인 결과가 생길 수 있었다. 마오마오의 기형인 왼쪽 발을 제거한 후 3D 프린팅 기업인 Novacopy는 부드러우면서도 내구성이 있는 실리카겔을 사용하여 3D로 마오마오를 위한 자유롭게 움직일 수 있는 왼쪽 발을 프린팅했다. 비록 마오마오의 걸음걸이는 아직 약간은 비틀거리지만, 마오마오는 실리카겔 의족에 의지해 다른 오리처럼 정상적으로 걷게 되었다.

한 정보 연구와 자문 기업의 최신 보고서에 따르면, 비록 3D 프린팅 기술 중 많은 부분이 주류 시장에 보급되기까지는 아직 5~10년 정도는 걸리겠지만, 3D 프린팅은 빠르게 변화 발전하고 있다. 일반 소비자와 비교했을 때 비즈니스와 의료영역에서는 3D 프린팅 기술을 받아들이는 속도가 더 빠르다. 이 두 영역에서 활용되기를 절실히 바라는 수요가 존재하기 때문이다. 이와 동시에 앞으로 더 많은 우수한 신소재가 출현할 것이고, 3D 프린터의 속도도 향상될 것이다. 물품 제작상의 편의성으로 인해 3D 프린터는 수업에서도 점점 더 많이 출현할 것이다. 개별 소비자 시장에서의 도약을 위한 준비를 끝냈을 때, 우리는 애플, 아마존, 구글이 자체 3D 프린터를 출시하는 모습을 보게 될 수도 있다.

副课文 **Plus Text**

느리게 정감을 배달하는 가게, 낭만을 마음에 부치다

연인이 만일 미래에 대한 기대와 꿈이 담긴 편지를 사랑하는 사람에게 쓴 지 몇 년이 흐른 후 이 편지를 다시 열어보고 당시의 느낌과 소중한 시간을 되돌아볼 수 있다면 이는 분명 낭만적인 일일 것이다. 이러한 느린 배달 서비스가 요즘 한창 유행이다. 난징에서도 빠르게 돌아가는 현대 생활 속에서 '느림으로 돈을 버는' 사람이 있다. 80년대생 아가씨가 사장인 이 점포의 업무는 고객이 누군가에게 편지를 쓴 후 편지를 부칠 미래의 날짜를 지정할 수 있도록 하는 것이다.

점주인 80년대생 수(树) 양은 미래의 자신에게 엽서를 부칠 수 있게 하는 느린 배달 서비스를 제공하고 있다. 미래의 어느 날 당신은 오늘의 마음 상태를 받아 볼 수 있다. 수 양은 기자에게 2011년 12월 24일 개업했을 때부터 느린 배달 서비스를 제공했는데, 거의 매일 이 서비스를 받으러 오는 사람이 있으며, 어떤 때는 하루에 많게는 20~30명까지 그런 고객이 있고, 오늘까지 부쳐야 하는 엽서가 수백 장 쌓여 있다는 사실을 알려주었다. 고객은 대부분 젊은이와 연인이며, 가장 오래된 엽서 두 장은 한 커플이 쓴 것이다. 그들은 10년 후 서로의 마음과 진실한 느낌을 다시 받아 봄으로써 그들의 사랑을 확인하기로 약속했다. 점포에서 응대했던 고객 중 나이가 가장 많았던 고객은 환갑이 지난 노부인으로 일부러 점포까지 와서 자신의 손녀에게 부칠 엽서를 골랐다. 노부인은 자신의 손녀가 장성하여 자신이 보낸 넘치는 사랑과 격려를 받아볼 수 있기를 바랐다.

느린 배달 서비스 덕분에 수 양은 친구를 많이 사귀었다. 고객은 대부분 현지인이 아니었으며 그들은 종종 난징에서 한동안 체류하다가 각자의 길을 떠났다. 그러나 수 양과 친해진 후 각지에 흩어져 있는 고객들도 잊지 않고 그녀에게 삶에 대한 아름다운 동경과 기원을 보내는 엽서를 부쳐 왔다.

수 양은 그녀의 고객 대부분은 단골이라며, "매 순간 자신의 기분이 다르기 때문에 모두가 느린 배달을 받은 다음 다시 새로 써요. 그래서 저와 고객 대부분이 좋은 친구가 되지요."라고 말했다. 또한 그녀는 "당신을 생각하고 관심을 가지는 친구가 이렇게 많다는 것 자체가 얼마나 행복한 일인가요."라고 덧붙였다.

느린 배달은 보통 우체국에서 하는 것과 똑같은 편지 배달 서비스이다. 유일한 차이점이라면 부치는 시간을 편지를 부치는 사람 스스로가 결정한다는 것이다. 이러한 느린 배달 점포와 빠른 배달 점포의 차이점은 배달 속도에만 있는 것이 아니라 도시인들의 다양한 심리적 요구에 부합한다는 것이다. 시간이 바로 효율인 오늘날, 퀵서비스 업체는 고효율의 업무를 특징으로 하는 직장인에게 맞았기 때문에 갈수록 장사가 잘되었다. 그러나 생활의 리듬이 빠름으로 인해 답답함을 느낀 사람들은 근심이 생기게 된다. 또한 물질적인 번영과 물질에 대한 열광적인 지향은 감정적인 공허함을 가져올 수밖에 없다. 사람들은 감정의 배출구를 찾아 자신의 진실한 감정에 호소하고 싶어 한다. 느린 배달을 대표로 하는 감정 소비는 어느 정도 이러한 수요를 만족시킨다. 사람들이 자신의 지금 모습에 관심을 가지도록 일깨우는 느린 배달은 행위 예술과 비슷한 방식으로 퀵서비스가 발달한 현대 사회에서 현재 상하이, 베이징 등지의 대도시에서 벌써 유행하기 시작했다.

在线大学: 在网络时代实现 "有教无类" 的梦想

온라인 대학: 인터넷 시대에 '차별 없는 교육'의 꿈을 실현하다

중국의 사상가이자 교육자인 공자는 2천여 년 전 '차별 없는 교육'이라는 교육 이념을 제시했다. 이 이념이 주장하는 '교육 앞에 누구나 평등하다'는 시대를 초월하는 의의가 있다. 2천여 년 동안 '교육은 빈부, 종족, 성별과 연령을 구분하지 않는다'가 줄곧 인류의 꿈이었으나 현실 생활에서는 여전히 여러 가지 원인으로 인해 고등 교육 기관의 문턱을 넘지 못하는 사람이 수없이 많다.

최근 온라인 대학인 무크(MOOC)의 설립으로 또다시 '교육 평등', '엘리트 교육의 서민화'라는 기치를 높이 들게 되었다. 인터넷을 통해 전 세계 유명 대학의 수업을 무료로 수강할 수 있는 것이 새로운 형태의 학습 모델이 되고 있다. 전 세계를 휩쓸고 있는 '무크 교육의 실천'으로 인해 세계적으로 가장 우수한 교육이 지구상 가장 외진 곳까지 전파되었고, '언제 어디서나' 이루어지는 평생 교육이 더 이상 요원하지 않게 되었다. 타임지의 아만다 리플리 기자는 "무크 제공자는 고등 교육의 모든 사치스러운 외투인 브랜드, 가격과 시설을 벗어 던지고 우리 모두에게 교육의 본질은 학습이라는 점을 기억하도록 했다."고 썼다. 2012년 11월 빌 게이츠 재단은 세계 최대 온라인 학습 기관인 edX에 백만 달러를 투자했다. 빌 게이츠는 온라인 교육 발전의 필요성을 '고등 교육의 비용이 많이 들고 사람들의 지속적인 학습에 대한 수요도 강렬한 데 비해 교육의 질은 우리가 필요로 하는 수준에 도달하지 못했다'는 데에 있다고 보았다. edX의 최고경영자(CEO)인 Anant Agarwal은 2014년에 있었던 한 언론 인터뷰에서 "우리는 모든 지역의 모든 사람에게 그들의 사회적 지위가 어떠하든 수입이 얼마이든 상관없이 진정한 최고 수준의 온라인 수업을 제공할 수 있음을 믿어 의심치 않습니다. 이와 동시에 우리는 학교 교육의 질을 개선하는 데에도 힘쓸 것입니다."라고 말한 바 있다.

어떤 사람들이 이러한 새로운 형태의 교육 방식으로부터 혜택을 받았을까? 중국 산둥의 대학생인 류레이는 '선생님이 필기한 것을 읽고, 학생이 필기하는' 틀에 박힌 수업 방식이 지겨워져 그가 즐겨 찾는 '궈커왕'의 '무크 자습실'에서 Udacity의 생물 수업을 수강하게 되었고, 피부색이 각기 다른 2만여 명의 학우들이 생겼다. 그는 매일 기숙사에 앉아 동영상 속의 미국 교수와 10여 명의 학생들이 차분하게 얘기를 나누거나 격렬하게 논쟁하는 모습을 보면서 수시로 자신의 의견을 제기하며 흥미진진하게 공부할 수 있었다. 17살밖에 되지 않은 바투시 미안간바야는 몽골 출신의 MIT 1학년 학생이다. 그가 미국의 명문 대학에서 공부할 수 있는 기회를 가지게 된 것은 완전히 '무크' 덕분이다. 2년 전 그는 MIT의 2학년 수준에 해당하는 '전기 회로와 전자 공학'이라는 인터넷 강좌를 수강했는데, 당시 갓 15세였던 바투시가 이 수업에서 탁월한 성적을 보여, MIT에서 그를 눈여겨보고 입학 통지서를 보냈다. 미국 일리노이주 민주당 당원인 리처드 더빈 상원 의원은 '현대 미국시'라는 인터넷 강좌를 수강했다. 동일 강좌의 또 다른 학생은 오랜 기간 침대에서 와병 중인 81세의 그리스 노인으로 그는 인터넷에 시인 에밀리 디킨슨에 관한 연구 논문을 발표하기도 했다.

'무크' 교육은 여러 방면에서 전통적인 고등 교육 모델에 충격을 주고 있다. '무크' 교육은 전 세계에 유명 대학의 우수한 강좌를 무료로 제공할 뿐만 아니라 교실과 온라인 수업을 혼합한 모델을 통해 캠퍼스 교육을 재건하고 있다. 미국에서 칭화대학으로 막 돌아온 젊은 학자인 쉬웨이는 버클리대학에서 '클라우드와 소프트웨어 공학'이라는 온라인 강좌를 가지고 와 전통적인 강의실 수업과 결합함으로써 더 심화되면서도 차별화된 학습을 통해 가르침과 배움의 수준과 효율을 향상시켰다. 미국 조지아텍 조지 페터슨 총장은 "'무크'는 교육 영역에 세상이 뒤집힐만한 변혁이 일어날 가능성이 있음을 예고하고 있으며, 매년 5만 달러의 학비를 거두어들이는 대학에 도전하고 있다. 만일 지식이 인터넷으로부터 무료로 얻어진다면 대학은 어떠한 교육을 제공해야 이 돈의 값어치를 할 수 있겠는가?"라고 말한 바 있다.

온라인 교육은 인터넷 시대의 산물로서 여러 장점을 가지고 있어서 우리가 '교육 평등'과 '우수한 교육의 서민화'와 같은 방면에서 장족의 발전을 거두게 했다. 그러나 전문가들은 '온라인 교육이 전통적인 교육을 완전히 대체할 수는 없다'는 데 의견을 모은다. 현재의 기술적 배경 아래 '무크'에 비교적 적합한 강좌에는 두 종류가 있다. 첫째로는 문자, 동영상과 같은 전달 방식을 통해 학생들이 비교적 쉽게 수용할 수 있는 강좌이고, 둘째로는 약간 복잡하거나 심지어 손을 사용한 조작이 필요하기는 하지만 일부 논리를 통하거나 코딩 학습이 가능한 강좌이다. 자신의 체험과 교사의 직접적인 지도가 정말 필요한 강좌는 교실 교육에 의존할 수밖에 없다. 더 중요한 사실은 어떤 것은 당신이 현장에 있어야만 획득할 수 있다는 것이다. 전통적인 교실 교육이 가지는 깊이 있는 탐구, 실제 체험, 교사와 학생 간의 상호 작용 등과 같은 특징은 온라인 교육에서 제공할 수 없는 것들이다. 그밖에 온라인 강좌는 지금도 여전히 많은 문제를 안고 있는데, 예를 들면, 교사의 동기 부여 부족, 학생의 참여도 저조, 강좌의 완성도 미흡, 학습 효과에 대한 권위 있는 검증 부족 등은 모두 보완되고 해결되어야 할 문제이다.

副课文 Plus Text

칭화대에서 중국어를 선보인 저커버그

2014년 10월 22일 오후 페이스북 최고경영자 마크 저커버그가 중국에 대한 관심을 누구도 예상하지 못한 방법으로 드러냈다. 그는 베이징 칭화대학의 한 세미나에서 약 30분 동안 중국어로 강연을 했다.

그는 "안녕하세요. 참석해 주셔서 감사합니다."라고 중국어로 말했다. 그는 청중에게 "저는 베이징에 와서 기쁩니다. 저는 이 도시를 매우 사랑합니다. 제 중국어는 형편없지만 전 매일 중국어를 공부하고 있습니다."라고 말했다. 또한 그는 청중들이 웃는 와중에 "저는 연습이 필요할지도 모릅니다."라는 말까지 덧붙였다. 그의 중국어는 완벽하지는 않았지만, 그가 몇몇 단어를 말하자 그 자리에 있던 학생들과 선생님들은 열렬한 박수와 환호성을 보냈다.

저커버그는 중국어를 왜 배우느냐는 질문에 "첫째, 제 아내는 중국인입니다. 아내는 집에서 중국어를 하고 아내의 할머니는 중국어만 할 줄 아는데, 저도 함께 대화를 나누고 싶습니다. 제가 중국어로 아내의 할머니께 우리가 결혼할 거라고 말했을 때 그 분은 매우 놀랐습니다. 둘째, 중국은 위대한 나라이므로 저는 중국어를 배우고 싶습니다. 셋째, 중국어는 어렵고 저는 줄곧 영어만 써왔지만 저는 도전을 좋아합니다."라고 대답했다.

이번에 칭화대학을 방문한 저커버그는 칭화 경영 관리 자문 위원회 위원의 자격으로 회의에 참석했다. 그는 "저는 교육에 관심이 많고 미국에서 교육을 지원하는 일을 많이 했습니다. 저는 칭화 경영 관리 위원회에 참가하여 중국의 교육을 이해하고 지원하고 싶습니다."라고 말했다. 천지닝 칭화대 총장과의 대담에서 저커버그는 그의 개인적인 직업 이력과 결합하여 인재 육성에 대한 그의 견해를 공유했다. 그는 대학이 탄탄한 지식과 강한 조직관리 능력 및 지도력을 갖춘 혁신적인 인재를 육성해야 한다고 말했다.

저커버그가 베이징을 방문해 중국어로 학생들과 교류하겠다고 밝힌 소식은 중국과 미국 네티즌들 사이에서 큰 반향을 일으켰다. 중국에서는 "저커버그가 성공할 수 있었던 것은 그의 재능과 지혜, 끈기와 밀접한 관련이 있다! 많은 외국 사람들이 중국어를 어렵게 생각하지만, 저커버그는 그것을 해냈다!"라고 칭찬했고, 또 어떤 사람들은 그의 성의에 감동하여 "단편적인 부분만 보더라도 매우 감동적이다. 저커버그는 이 세상 99%의 사람들보다 더 바쁠 텐데도 시간을 내서 새로운 언어를 공부하고, 게다가 용감하게 공개적인 장소에서 사용하기까지 하다니, 그의 성공은 우연이 아님을 설명한다."라고 말했다.

빌 게이츠 마이크로소프트 창업자는 2015년 1월 28일 미국 소셜 미디어 커뮤니티인 〈모든 질문에 답하다〉에 출연해 저커버그가 중국어를 할 수 있다는 사실에 놀라움과 부러움을 표했다. 그는 "저커버그가 중국어를 배웠고 중국 학생들의 질문에 답할 수 있었다니 도무지 믿을 수 없다. 나는 내가 똑똑하지 않다고 생각하고, 외국어도 할 줄 모른다. 고등학교 때 라틴어와 그리스어 수업을 받으면서 어휘량을 늘리는 데 도움을 받았지만, 프랑스어, 아랍어 또는 중국어를 더 잘 할 수 있기를 원한다."라고 말했다. 중국어를 유창하게 구사하는 케빈 마이클 러드(중국명 루커원) 전 호주 총리도 저커버그의 태도에 공감해 '라오루'라는 사인이 있는 자신의 웨이보에 "더 많은 서양인이 마크로부터 배워서 중국어를 배우러 오고, 중국을 이해해야 한다. 중국의 미래가 곧 우리 공동의 미래이기 때문이다."라고 썼다.

奥运会与兴奋剂

올림픽과 도핑

흥분제는 1896년 현대 올림픽이 시작되면서 함께 태어난 '종양'이다. 올림픽에 참가한 선수들이 흥분제를 사용하는 도핑의 역사는 '유구하다'고 할 수 있다. 현대 올림픽 사상 최초의 도핑 사건은 1904년에 있었던 제3회 세인트루이스 올림픽에서 발생했다. 그해 마라톤 우승자는 영국인 토머스 힉스였는데, 경기 내내 그의 코치는 주사기를 들고 그를 따라다녔다. 힉스가 녹초가 됐을 때 코치는 그에게 '스트리크닌'을 주사하고, 위스키 한 잔을 마시게 했다. 이것들은 모두 그가 체력이나 통제력을 증강시키고 경기 성적을 향상하는 데 도움을 줄 수 있었다. 스포츠 경기에서의 도핑은 근대와 현대에 더 성행했다. 이에 1960년대 초 이래로 국제 올림픽 위원회는 도핑에 꾸준히 반대해왔다. 하지만 2012년 런던 올림픽에서 또다시 12건의 도핑 사건이 발생했다. 올림픽은 흥분제와 총성 없는 전쟁을 벌이고 있지만, 끝이 보이지 않는 것 같다.

올림픽의 목적은 스포츠를 통해 각국의 상호 이해와 우정을 증진함으로써 보다 나은 평화로운 세계로 만드는 것이다. 그러나 일부 선수들은 공정한 경쟁의 원칙을 망각하고 더 많은 메달과 상금을 받기 위해 흥분제를 복용했다가 결국에는 획득한 메달과 출전 자격을 박탈당하기도 했다. 또한, 흥분제는 선수들의 경기 성적을 향상시킬 수는 있지만 그들의 건강에 치명적인 해를 끼칠 수 있다. 올림픽 역사에서 이런 예는 일일이 헤아릴 수 없을 정도로 많다. 1960년 덴마크의 사이클 선수 엔센이 로마 올림픽에서 경기 도중 사망했는데, 부검 결과 그가 암페타민과 알코올 그리고 혈관을 확장시키는 약물을 복용했다는 것이 밝혀졌고, 1967년에는 영국의 사이클 선수 심슨이 투르 드 프랑스 대회 도중 사망했는데, 사망 시 입었던 옷의 주머니에는 그가 미처 복용하지 못한 암페타민이 들어있었다. 1988년 서울 올림픽 이후 육상 선수 벤 존슨은 도핑이 적발되어 성적을 박탈당하고 2년간 출전을 금지당했다. 이에 따라 그가 세운 두 차례의 세계 기록도 취소되었다. 2000년 12월 27일, 매리언 존스는 시드니 올림픽에서 다섯 개의 메달을 획득하여 '단거리 여왕'으로 불렸다. 하지만 도핑으로 좋은 성적을 거둔 것으로 드러나자 '스포츠계 사기꾼'으로 불리게 되었다. 2013년 미국의 유명 운동선수 랜스 암스트롱은 스스로 금지 약물을 사용했다고 밝혔고, 국제 사이클 연맹은 종신 출전 금지를 포함하여 7개의 투르 드 프랑스 사이클 대회 우승 타이틀을 박탈한다는 처벌을 공식 발표했다. 2014년 1월에는 한국 남자 배드민턴 선수 두 명이 배드민턴 연맹의 반도핑 규정을 어겨 1년간 자격 정지라는 중징계를 받기도 했다.

애니메이션 〈톰과 제리〉에서 제리를 잡고 싶어 하는 톰은 제리와 머리싸움을 벌인다. 반도핑과 도핑 간의 싸움도 톰이 제리를 잡는 것과 마찬가지이다. 의학이 발전하면서 흥분제도 끊임없이 변화를 꾀하고 있기 때문에 테스트도 점점 어려워지고 있다. 그러나 도핑이라는 제리와의 추격 속에서도 반도핑이라는 톰이 늘 쫓고 있다. 이를 위해 국제 올림픽 위원회는 올림픽 출전 선수의 소변 샘플이나 혈액 샘플을 실험실에서 8년간 보관하도록 했다. 그동안 전문가들은 이전에 찾아내지 못한 금지 약물을 선수들이 복용했는지 여부를 테스트하는 각종 화학 실험을 진행할 것이다.

스포츠가 상업화되면서 스포츠 참여로 얻는 이익도 많아졌다. 이익에 힘입어 일부 선수들은 자신의 장래와 건강을 기꺼이 희생하여 흥분제를 복용한다. 2008년 한 조사에 따르면, 호주에서는 거의 3분의 1의 운동선수들이 성적을 올리기 위해 흥분제 사용을 고려할 수 있다고 말했다. 이로 볼 때 스포츠가 부귀영화, 금전과 연결되어 있는 한 도핑과 반도핑의 싸움은 하루아침에 끝나지 않을 것이다.

副课文 `Plus Text`

현대인과 느린 운동

현대인은 '멍때리다'라는 말을 입에 달고 산다. 늘 일과 삶의 고민을 잠시 내려놓고, 한동안 푹 쉬면서 마음을 가라앉히고 싶어 하는 것이다. 그러나 현실은 또다시 '멍때리고 싶다'라는 바람을 사치스럽게 만든다. 삶을 늦추는 것은 삶에서 균형을 찾으려는 것이다. 운동도 마찬가지이다. 독일의 과학자들은 운동의 진정한 목표는 더 피로해지기 위해서가 아니라 더 건강해지기 위해서 하는 것이라고 말한다.

느린 운동은 강도가 비교적 약하고 리듬이 느리며 장기간 연습하기에 적합한 레저 스포츠로 요가, 태극권, 양궁, 보드, 산책 등이 이에 해당한다. 상하이교통대 자오원제 교수는 보편적으로 업무 스트레스가 많고 생활 리듬이 빠른 현대인들은 운동에 대해 두 가지 태도를 가지고 있는데, 운동을 아예 안 하든지 아니면 미친 듯이 운동을 하는 것이라고 기자에게 말했다. 현대인들은 평소에 규칙적인 신체 운동이 부족하므로 강도가 너무 센 운동을 하게 되면 다치기 쉽다. 느린 운동은 하나의 방식이자 이념이다. 느린 운동은 생활과도 결합할 수 있는데, 예를 들어 원예, 목공도 모두 운동의 일종이다. 요즘 많은 젊은이들이 양궁, 낚시와 같은 레저 스포츠 활동을 즐긴다. 일할 때는 바쁘게 움직이지만, 선택하는 운동들은 평정심과 인내심을 필요로 한다. 이 또한 운동을 통해 성격을 개조할 수 있는 방법이다. 업무를 처리하면서 차분하지 못하고 충동적으로 서두르는 사람들에게는 정적인 느린 운동이 정서적 동요를 가져오지 않고 자기 통제력을 키우는 데 도움이 된다.

유명 기업인인 마윈은 1980년대부터 태극권과 바둑에 푹 빠져 있다. 태극권부터 바둑까지 이 비즈니스계의 엘리트는 스포츠 종목의 선택에서도 일가견이 있었다. 태극권에 대한 마윈의 깨달음은 "사람은 오래 살고 싶으면 덜 움직여야 하고, 잘 살고 싶으면 많이 움직여야 한다. 삶이나 회사도 마찬가지로 오래 잘 살려면 태극권을 하듯이 천천히 움직여야 한다."는 것이다. 그가 운영하는 인터넷 회사는 매우 빠르게 움직이지만 태극권은 느림과 빠름, 긴장과 이완을 중요시하기 때문에 마윈은 태극 문화를 통해 동료들의 마음속 초조함을 없애고자 태극권을 알리바바의 내훈 프로그램으로 규정하고자 시도했다. 이에 대한 직원들의 반응은 뜨거웠다. 성공한 기업가는 건강한 신체도 필요하고 탁 트인 발상도 있어야 한다. 마윈에게 있어서 태극권 단련의 중요한 목적은 생활 리듬을 조절하기 위함이다. 태극권은 자발적인 공격을 주장하지 않는데, 작은 힘으로 큰 힘을 이기는 예술적 경지는 "남이 어떻든 바깥이 어떠하든 자기의 일만 잘하면 된다. 이 들뜬 현대 사회에서 조용히, 천천히, 이 느림의 가운데 빠름의 이치를 깨닫기 바란다."라는 마윈의 이념을 시사하고 있다. 태극권과 바둑으로부터 마윈이 가장 깊이 깨달은 것은 '시기'라는 두 글자였다. 그 자신조차도 알리바바의 성공은 대부분 이 두 글자 덕분이라는 점을 인정했다. 그는 "태극권이 저에게 안겨준 가장 큰 수확은 소위 사물이 극에 달하면 반드시 반전한다는 철학적 사고였습니다. 하나의 기업도 마찬가지입니다. 자신이 리듬을 조절해서 언제 움직여야 하고, 언제 움직이지 말아야 하는지 알아야 합니다."라고 말했다.

이로 볼 때, 느린 운동은 일종의 운동 방식이자 이념이다. 이것은 고민을 해소하고 몸과 마음의 균형을 이루며 사람들이 마음의 안정과 신체의 건강을 얻도록 도와준다.

道德还是自由：美国堕胎合法化之争

도덕인가 자유인가: 미국 낙태 합법화에 관한 논쟁

낙태는 도덕적인 규범에 위배되는 것인가 아니면 자유 권리를 수호하는 것인가? 이것은 미국인들의 영원한 화두이다. 일반적으로 민주당과 자유주의 관점을 가진 사람들은 낙태 행위의 합리성에 공감한다. 반면 공화당과 보수주의자들은 낙태 행위가 살인과 다름없는 부도덕한 것이라고 여긴다. 남부 보수 세력의 본거지 출신인 부시는 재임 중 임신 말기 낙태 금지 입법을 추진했지만, 민주당원인 오바마가 정권을 잡자 부시의 정책을 청산하기 시작했다. 최근 몇 년 사이 낙태 합법화를 둘러싼 논란이 거세지고 있다.

사우스다코타주 주지사 낙태 금지 법안에 서명

마이크 라운즈 사우스다코타주 주지사는 2006년 3월 6일 낙태를 금지하는 법안에 서명했다. 이 법안은 주 내의 거의 모든 낙태 행위를 금지하며, 심지어 피해자가 강간을 당하거나 근친상간으로 임신한 것까지 포함한다. 유일한 예외는 임산부의 생명이 위협당하는 경우이며, 그렇지 않으면 낙태 수술을 시술한 의사는 법을 위반한 것으로 간주되어 최고 징역 5년에 처할 수 있다. 공화당원인 라운즈 주지사는 법안에 서명한 뒤, "세계 역사에서 문명에 대한 진정한 시험은 사람들이 사회적으로 가장 약하고 도움 받지 못하는 계층을 어떻게 대하는지를 보는 것이다. 이 법안의 발기인과 지지자들은 낙태가 잘못된 것이라고 믿고 있는데, 왜냐하면 아직 태어나지 않은 아이들이 우리 사회에서 가장 약하고 도움을 받지 못하는 이들이기 때문이다. 나는 그들의 의견에 공감한다."라는 내용의 서면 성명을 발표하였다. 이 법안은 1973년 미국 연방 최고 법원이 낙태가 합법적이라고 인정한 '로 대 웨이드 사건'의 획기적 판결과 배치된다. 사우스다코타주의 유일한 낙태 클리닉을 운영하는 가족계획 연맹은 이 법안이 '공공연하게 헌법을 위반한' 것으로, 위험천만한 데다 대다수 미국인의 지지를 받지 못하고 있다고 밝혔다. 이 단체는 연방 소송을 제기하든 사우스다코타주 국민 투표를 시행하든 간에 필요한 모든 수단을 동원하여 이 법안을 폐지할 것이라고 밝혔다.

의사 조지 틸러의 총격 피살 사건

2009년 5월 31일, 임신 말기 낙태 시술로 논란을 빚었던 미국의 의사 조지 틸러가 캔자스주 캔자스시티에서 총격을 받아 피살되었다. 틸러는 당시 67세로 낙태 수술을 계속해왔을 뿐만 아니라 임신 20주 이상의 임산부를 위해서도 말기 낙태 수술을 했던, 미국 내 말기 낙태 수술을 고수하는 몇몇 의사 중 한 명이었다. 이러한 이유로 틸러는 줄곧 낙태 반대론자들의 주요 공격 목표 중 하나가 되어왔다. 그의 진료소 앞에서 반 낙태 단체들이 대규모 항의 행사를 자주 열었고, 일부 낙태 반대자들은 자주 그가 사는 동네에 전단을 돌리기도 했다. 틸러는 이전에도 이미 여러 차례 공격을 받은 적이 있었다. 총격 피살 사건 직후 미국의 반 낙태 단체들도 총격 피살 행위를 비난하며, 그들은 합법적인 수단으로 틸러를 쓰러뜨리고 싶다는 성명을 발표했다. 오바마 대통령은 이 사건에 경악과 분노를 느꼈다. 그는 성명서에 미국인들이 낙태와 같은 논란이 많은 문제에 대해 아무리 의견이 갈리더라도 폭력을 쓰는 나쁜 행동으로 분쟁을 해결하려 해서는 안 된다고 썼다.

1973년의 '로 대 웨이드 사건'

미국에 있어 과연 낙태를 합법화해야 하는가 말아야 하는가는 각 주에서 논쟁이 끊이지 않던 화제였다. 최근 한 여론 조사에 따르면, 미국인의 과반수가 낙태를 합법화해야 한다고 생각하지만, 마찬가지로 절반 이상의 사람들은 이것이 도덕적 범죄라고 생각한다. 1973년의 '로 대 웨이드 사건'은 1960년대에 일어난 두 가지 사건과 밀접한 관련이 있는데, 이 때문에 사람들이 낙태를 합법화하려는 경향이 강해졌다.

1962년 셰리 핑크바인이라는 여성은 임신 2개월째에 이 사실을 알게 되었다. 그러나 그녀는 부주의하게도 이전에 태아의 기형을 초래할 수 있는 진정제를 복용한 적이 있어 낙태를 알아보았으며, 병원 심사 위원회의 동의를 얻어냈다. 그러나 소식이 공포된 직후 주 검사가 그녀를 체포하겠다고 공언하여 의사는 어쩔 수 없이 수술을 포기해야 했다. 그리하여 셰리 핑크바인은 어쩔 수 없이 수술을 위해 스웨덴으로 가야 했다. 이 사건은 낙태 문제에 대한 논쟁을 '만약 태아의 생존권을 박탈하는 것이 비도덕적이라면, 우리는 그 도덕의식을 지키기 위해 분명 문제가 있는 태아라도 낳아야 하는가?'와 같은 새로운 단계로 옮겨 놓았다.

또 다른 사건으로, 1966년 샌프란시스코에서 홍역이 유행하여 많은 사람들이 감염되었다. 이런 홍역의 합병증은 임신부의 사망과 태아의 선천성 기형을 초래할 수 있었으므로 현지 의사 21명이 금지령에도 불구하고 홍역에 걸린 임산부를 위해 낙태 수술을 했고 결국 체포되었다. 이 일이 보도된 이후, 더 많은 사람들이 낙태 금지에 대해 불만을 가지게 되었다.

마침내 1973년 1월 22일 연방 최고 법원은 '로 대 웨이드 사건'을 판결하여 낙태를 합법화하였다.

副课文 Plus Text

젊은 여성의 원치 않는 임신에 대한 사회적 주목

최근 몇 년 사이 청소년의 성과 원치 않는 임신에 대한 문제가 많은 주목을 받고 있다. 조사에 따르면, 미혼 청년층의 22%가 성행위를 한 적이 있으며, 이 가운데 20% 이상의 여성이 원치 않는 임신을 경험했다고 한다. 또한 90%에 가까운 원치 않는 임신은 결국 인공 유산으로 종결되며, 그중 20%는 여러 차례 유산을 경험한 바 있다고 한다.

아리 호크만 유엔 인구 기금(UNFPA) 주중 대표는 사회적 가치관의 변화에 따라 중국 청소년의 안전하지 못한 성행위, 원치 않는 임신, 에이즈 등의 성접촉으로 인한 질병의 위험 요인도 증가하고 있다고 말했다. 유엔 인구 기금의 지원으로 중국에서 실시한 조사에 따르면, 조사에 응한 15~24세의 미혼 남녀 가운데 대다수는 혼전 성행위에 대해 개방적인 태도를 보였지만, 그중 5%만이 생식 건강 문제에 대해 잘 알고 있으며, 15%만이 에이즈 감염을 피하는 방법을 알고 있는 것으로 나타났다. 이 조사는 또한 미혼 여성 100명 중 4명이 원치 않는 임신을 할 수 있다는 것을 보여 주었다.

세계적으로 청소년의 원치 않는 임신은 경시할 수 없는 문제가 되고 있다. 통계에 따르면, 15~19세 여자아이 중 1,600만 명이 아이를 낳았을 것으로 추산되며, 임신과 출산으로 인한 합병증이 해당 연령대 여아의 사망과 질병의 가장 큰 원인이다. 이 문제는 개발도상국에서 특히 심각하다. 빈곤, 폭력, 유아 결혼, 결혼 강요 등이 모두 소녀 임신의 주요 원인이다. 아울러 적절한 성에 대한 지식 부족, 인구 유동성 증가, 남녀 불평등도 이러한 상황을 부추기는 주요 원인이 된다.

베이징둥쓰산부인과 의사인 추이잉 씨는 기자에게 병원에서 인공 유산 시술을 한 환자 가운데 가장 어린 경우는 17세도 안 됐다고 털어놓았다. 추이잉 씨는 여자아이들에게 낙태를 절대 대수롭지 않은 일로 여겨서는 안 되며, 그렇지 않으면 대량 출혈, 부인과 염증, 평생 불임, 심지어는 사망과 같은 엄중한 대가를 치를 수 있다고 충고했다. 유산의 신체적인 상처 외에 심리적인 피해도 무시할 수 없다. 한 전문가는 의학적인 관점에서 사춘기 청소년이 성 의식이 싹트기 시작하고 이성과 교제를 바라는 것은 정상적이지만, 성교육, 성 지식의 결여는 성에 대한 잘못된 인식과 관념을 갖게 하여 여러 가지 생리적, 심리적인 문제를 야기할 수 있으며 이러한 문제들은 앞으로 살아가면서 계속 영향을 미칠 수 있다고 분석하였다.

필요한 성 건강 교육을 실시하여 여자아이들이 자신을 어떻게 보호해야 하는지를 깨닫도록 하는 것이 이러한 현상을 변화시키는 효과적인 방법이다. 그러나 중국에서는 사춘기 성교육이 아직도 교과 과정에 포함되지 않았으며, 학교 교사와 학부모가 청소년의 성교육에 대해 지나치게 꺼려하고 감추려고만 해서 청소년들은 인터넷으로부터 성 지식을 얻고 있는 실정이다.

美国金牌主播因 "说谎门" 而 "下课"

미국의 최고 앵커 '거짓말 논란'으로 하차

2015년 2월 미국 NBC 방송의 유명 앵커인 브라이언 윌리엄스가 6개월간 무급 정직을 당하면서 잠시 메인 앵커의 자리를 떠난 것이 최근 미국 언론계를 뒤흔든 메가톤급 폭탄이 됐다. 윌리엄스가 정직을 당한 것은 이라크전에서 자신의 취재 경력을 과장해 허위 보도를 했기 때문이다.

2003년 이라크 전쟁 때 윌리엄스는 직접 전선으로 가서 현장 보도를 했다. 그가 미국으로 돌아온 뒤 여러 언론 석상에서 자신이 취재할 때 탔던 헬기가 미사일 공격을 받았다고 말했고, 이러한 구사일생의 전장 경험은 자연스럽게 윌리엄스에게 후광을 보태 주었다. 이후 그는 저녁 방송에서도 자신의 빛나는 경험을 회고했다. 그러나 이번에 그의 거짓말이 드러났다. 당시 피격 당사자이자 비행기 엔지니어였던 레이놀즈가 윌리엄스는 그들의 비행기에 애초에 없었으며, 그들이 강제 착륙한 지 1시간이 지난 후에야 윌리엄스가 서둘러 온 것을 보았다고 말했고, 다른 노병들도 사건의 진상을 증언했다.

윌리엄스는 곧바로 뉴스 프로그램에서 사과했다. 그는 이것이 기억 오류에서 비롯된 것이라며, "12년 전에 일어났던 사건을 되돌아보면서 실수를 했다."라고 말했다. 그러나 이 사과가 외부의 비판의 목소리를 완전히 잠재우지는 못했다. 사건이 발생한 이후 사람들은 윌리엄스의 이라크 관련 보도에 의구심을 가졌을 뿐 아니라, 그가 2005년 카트리나 허리케인 참사를 보도할 때도 사실을 과장했을 가능성이 있다고 폭로했다. 보도에 따르면 윌리엄스가 당시 뉴올리언스에서 보도할 때 호텔에서 시체가 떠다니는 것을 보았다고 말했지만, 현지 주민들은 그가 묵었던 호텔이 있는 지역은 침수되지 않았다면서 의혹을 제기했다.

이 사건으로 윌리엄스의 신뢰도는 의심받았고, 뿐만 아니라 NBC 뉴스 채널의 보도 윤리와 검열에 대한 비난이 일었다. 미국에서 시청률이 가장 높은 3대 TV 뉴스 프로그램은 NBC와 ABC, CBS인데, 윌리엄스가 진행하는 저녁 뉴스 프로그램은 오랫동안 시청률이 가장 높아 1천만 명에 가까운 미국 시청자들이 있었다. CNN의 보도에 따르면, 그의 스캔들이 폭로된 후 NBC 저녁 뉴스의 시청자 수는 70만 명이 줄어들었다. 스티븐 버크 NBC 최고경영자는 성명을 발표하여, "브라이언의 행동은 수백만 미국인들이 NBC 뉴스 채널에 보내온 신뢰를 파괴했다 …… 그의 행동은 용서될 수 없으므로 정직은 엄중하고 합당한 처벌이다."라고 밝혔다. 윌리엄스는 NBC에 보낸 편지에서, "직장 생활을 하는 동안 나는 줄곧 뉴스를 추적 보도해 왔는데, 나 자신의 행동으로 인해 내가 뉴스의 초점이 되었다는 것을 지금 통렬히 깨달았다."라고 말했다.

이 사건은 언론계의 직업 윤리와 신뢰도에 대한 미국 각 매체의 열띤 토론을 불러일으켰다. 어떤 사람들은 이것이 기자들의 상투적인 수법, 즉 거짓말로 화제를 모으는 것으로 생각했다. 어떤 사람은 이 이야기가 그럴싸해서 아무도 그것이 사실인지 확인하려 들지 않았으며, 설령 조작이더라도 유명 앵커가 징계를 받을 가능성은 희박하므로 NBC 뉴스 부서가 직무상 과실을 범한 것이라고 비난했다. 또 다른 사람들은 방송사가 기꺼이 뉴스를 통해 '신'을 만드는 것을 즐기는데, 이는 유명 앵커가 전쟁터나 대통령 옆, 혹은 재난 현장에 출현해서 그 노출 정도가 할리우드의 연예인보다도 높기 때문이라고 주장했다.

한 가지 짚고 넘어갈 점은 커리어가 이렇게 대단한 유명 기자가 왜 그와 같은 저급한 거짓말을 하느냐는 것이다. 윌리엄스의 커리어가 전성기를 구가하고 있었기에 진실을 억지로 감추어 자신의 명예를 높일 필요가 전혀 없었다는 것이 일반적인 생각이다. 이 '거짓말 논란'이 가져다준 가장 중요한 시사점은 높은 지위에 있는 사람은 이미 최고의 지위와 영예를 가졌더라도 조작을 통해 자신의 명성을 높여 사람들이 자신을 더욱더 흠모하고 숭배하도록 만들 가능성이 있다는 것이다.

이번 사건은 시장 경제 아래 설령 상업 매체라도 반드시 진실과 신뢰를 근본으로 삼아야 한다는 것을 보여준다. 한편, 이번 사건에서 소셜 미디어의 역할을 주목할 만하다. 지금의 소셜 미디어는 시청자에게 높은 지위에 있는 사람들을 모니터링할 수 있는 기회를 제공했다. 과거 윌리엄스는 공식 석상에서 똑같은 이야기를 여러 번 했지만, 모두 염두에 두지 않았다. 그런데 이번에는 당시 헬기 승무원이 페이스북에서 그의 잘못을 지적한 후, 아주 짧은 시간에 대중의 토론과 언론의 관심을 끌어 진상을 밝혀냈다. 마지막으로, 이 사건은 누구나, 특히 발언권이 센 유명인이라도 여론의 모니터링에서 예외일 수 없음을 설명해준다.

副课文 Plus Text

세 사람이 길을 가면, 반드시 1인 미디어가 하나는 있다

좋은 책을 읽으면, 즉시 멋진 단락을 발췌하고 감상을 덧붙여 위챗의 모멘트에 공유한다. 쇼핑하다가 뜻하지 않은 해프닝이나 에피소드를 접하면, 실시간으로 휴대전화를 꺼내 동영상을 녹화해서 인터넷에 올려 널리 알린다. 인터넷 시대는 스마트폰의 보급과 웨이보, 위챗의 급속한 발달로 점점 더 많은 사람들이 '1인 미디어 방송인'이 되고 있다. 이에 사람들은 오늘날의 사회를 누구나 다 방송인이고, 누구나 다 마이크가 있어서 세 사람이 길을 가면 반드시 한 명의 1인 미디어가 있는 시대라고 말한다.

'1인 미디어'는 '시민 미디어'라고도 불리는데, 일반 시민이나 민간 기관이 언제 어디서든 어떠한 방식으로든 인터넷에 접속하여 그들의 진실한 견해와 자신만의 뉴스를 제공한다. 1인 미디어는 개인 웨이보, 개인 다이어리, 개인 홈페이지 등에 한정되지 않는데, 그 가운데 가장 대표적인 플랫폼으로 미국은 페이스북과 트위터, 중국은 Qzone, 시나 웨이보, 텐센트 웨이보, 런런왕, 위챗 공중 계정(WeChat Public Platform) 등을 꼽을 수 있다. 현재 웨이보를 비롯한 1인 미디어는 인터넷 전파의 가장 활발한 주체이자 신흥 여론의 장이 되고 있다. 인터넷의 1인 미디어의 수가 방대하고, 그 소유자 역시 대부분 '풀뿌리 시민'이며, 인터넷의 익명성은 네티즌에게 마음대로 할 수 있는 공간을 제공한다.

1인 미디어의 전파 잠재력과 수익성은 매우 놀라울 정도이다. 2015년 초, 중국의 유명 언론인 차이징의 1인 미디어 영상 〈돔 지붕 아래서〉는 자신의 힘으로 국가 지도자부터 거리의 여기저기, 나아가 중국 사회 전체에 스모그에 대한 관심을 불러일으켰다. 이 동영상은 총 1억 1,700만 뷰를 기록하여, 2015년에 가장 널리 퍼지고 가장 영향력이 큰 동영상이 되었다. 칭화대학 미디어학부의 선양 박사과정 지도교수는 놀라운 숫자를 공개했다. 조사에 따르면, 중국인이 1인당 하루 평균 150회 휴대전화를 만진다는 것이다. 이는 1인 미디어가 엄청난 전파 잠재력을 가지고 있음을 의미한다. 장이밍 '오늘의 헤드라인' 최고경영자도 "'오늘의 헤드라인' 플랫폼에서 1인 미디어가 제작한 콘텐츠가 50%를 점유하고 있으며, 이 비율은 더 늘어날 수 있다"고 말했다.

1인 미디어는 뉴미디어의 한 종류로, 이미 비즈니스, 전문 교육, 학술 토론, 과학 기술 보급, 재난 구조, 공공 질서 수호, 도덕적 감시와 사회 공익 촉진 등 다양한 사회 활동에 참여하고 있다. 산시성 신저우의 인민경찰이 부모와 헤어지게 된 세 살 남자아이를 발견했는데, 경찰 당국은 아이를 위해 1인 미디어를 통하여 부모의 정보를 6,500건 넘게 전송하여 신속히 가족을 찾아주었다. 안후이성의 후위디 씨는 90세의 고령에도 53세의 뇌성마비 아들을 돌봐야 했다. 안칭사범대학에서 언론미디어를 전공하는 학생인 청장타오 군은 겨울 방학 인턴 때 이 어르신을 위해 사진을 찍어 인터넷에 게재하는 동시에 인터넷 공익 프로그램을 개설했는데, 20여 일 동안 5만여 건의 댓글이 달렸고, 1,227명의 네티즌이 어르신을 위해 50,050.69위안을 기부했다.

문턱이 낮고 포용성은 강하며 콘텐츠가 풍부한 인터넷의 가장 큰 장점은 모든 사람이 평등해서 누구나 발언권을 누릴 수 있다는 데에 있다. 사건이 발생하면 모두가 제각기 의견을 개진하고 자신의 주장을 펼친다. 그렇지만 모두를 위해 훌륭한 보도 플랫폼을 제공하는 한편, '누구나 1인 미디어'인 상황은 적지 않은 피해를 초래하기도 한다. 게재가 편리하고 확산이 빠르다는 장점도 양날의 칼이 된다. 가령, 유언비어가 도처에 퍼지고, 다시 신속하게 변질되며, 대중은 진실을 모른 채 선입견을 품게 되고, 나쁜 영향이 생기면 해소되지 않곤 한다. 1인 미디어의 정비를 위해서는 정부가 시행 가능한 인터넷 세칙을 제시하여 보다 질서 있는 발전을 보장할 필요가 있다.

外媒热议：中国开放 "二胎" 政策

외신을 뜨겁게 달군 중국의 '두 자녀' 정책 전면 시행

2013년 11월 15일, 중국 정부는 부부 가운데 한 명이 외동인 경우 두 자녀를 낳을 수 있도록 하는 '두 자녀' 정책을 시행하기로 했다. 2015년 말, 조사 연구와 논의를 거쳐 중국 정부는 출산 정책을 다시 조정해 '두 자녀' 전면 허용을 결정함으로써 36년간 시행된 한 자녀 정책을 폐지했다. 지난 30여 년 동안 외신의 중국 산아제한 정책에 대한 평가는 제각각이었지만 결론은 대동소이하다. 즉, 한 자녀 정책이 이미 중국 사회를 재편하였다는 것이다. 물론 사람들은 중국을 '고령화 사회'인 일본과 함께 비교하곤 한다. '두 자녀' 정책의 시행이 외신을 뜨겁게 달구고 있다.

〈월스트리트저널〉 인터넷 톱기사에서는, 산아제한 정책이 1980년부터 시행된 이래로 이 정책이 인구의 대규모 증가를 억제한다는 정부의 찬사를 받아 왔지만, 경제학자들은 이러한 정책이 중국의 경쟁 우위를 해치고 미래의 노동자 수를 감소시키며 중국의 사회 복지 체계에 더 많은 압박을 줄 수 있다고 보도했다. 중국의 출산 정책 변화는 중국이 경제를 성장시키고 정권을 안정적으로 유지하는 데 필수 불가결하다는 현명한 구상일 수 있다. 미국 언론은 두 자녀 허용은 중국 부동산 시장을 안정시켜 집값 하락을 막을 것이며, 중국이 앞으로 더 많은 식량을 수입할 것이므로 미국 농장주의 식량 수출도 증가할 것으로 예측했다.

중국의 산아제한 정책을 줄곧 지켜봐 온 영국의 인구 고령화 학회의 학자 빌 포터는, 최근 40년간의 산아제한 정책은 중국 인구 전략의 역사에 있어서 성공적인 조치였다고 할 수 있는데, 출산율 저하를 통해 국민의 기본생활을 보장했고, 중국 여성들이 사회활동에 참여할 시간을 더 많이 가질 수도 있도록 했기 때문이라고 했다. 하지만 그는 이 정책이 그대로 유지된다면 그 부정적인 효과가 확연히 드러날 것이라고 했다. 일단 중국이 고령화 단계로 접어들면 국제적인 경쟁력이 점점 떨어질 수밖에 없기 때문이다. 그는 베이징, 상하이 등과 같은 도시의 수천만에 달하는 노령층이 점점 더 국가의 양로 연금에 의존하여 생활하고 있는 것을 예로 들며, 이로 인해 정부의 공공 지출이 한층 더 줄어들고, 사회 복지의 질이 떨어지는 동시에 도시와 농촌 인구 불균형 현상의 가중을 초래할 것이라고 언급하였다.

로이터 통신은 두 자녀 허용은 장기적으로는 저출산율 문제를 해결하겠지만, 단기적으로는 베이비붐이 일어 관련 식품, 완구, 산모와 영아의 의료 서비스, 아동 의류, 자가용 승용차, 교육 등 업종의 발전을 이끌 것이라고 논평했다.

싱가포르의 〈연합조보(联合早报)〉가 논평하기를, 두 자녀의 장점은 확실하다. 자녀를 하나만 낳으면, 부모는 자녀가 너무 외로울 것이라고 마음 아파할 뿐만 아니라 일부 외동 자녀의 성격 특징 또한 우려할만한 문제이기 때문이다. 1979년 이후 태어난 외동 자녀는 상호 신뢰도가 낮고, 위험을 회피하고, 정서적으로 더 비관적인 경향이 있다. 자녀들이 분가하거나 외지에서 생활하여 혼자 사는 '빈 둥지 노인'들의 정서적 애정 결핍 역시 한 자녀 정책이 초래한 문제이다. 가정에서의 노인 봉양은 줄곧 중국인들이 노인을 모시는 전통적인 방식이었기 때문에, 아버지 세대가 노년기에 들어서면서 중국의 1세대 외동 자녀들은 이미 나이 든 부모를 부양해야 하는 부담에 직면해 있다.

정책이 허용되기는 했지만, 이 권리를 누릴 것인지 여부에 대해 상당수의 가정은 다시 한번 심사숙고해야 할지도 모른다. 사람들의 가치관이 바뀌면서 중국 일반 대중의 둘째 출산에 대한 적극성도 이미 예전만 못하다. 게다가 아이가 생기면 그저 '수저 한 벌을 더 추가'해서만 될 것이 아니라 도시민들의 생활비도 덩달아 증가하게 되므로 모든 사람이 두 자녀를 키울 수 있는 '경제력'이 되지 않는 것은 분명하다.

홍콩 〈사우스차이나 모닝포스트〉는 2013년 11월 23일 상하이 부모들은 두 자녀 허용에 대해 냉담한 반응을 보였다고 보도했다. 시나닷컴이 상하이 시민 1,200명을 대상으로 실시한 조사에 따르면, 응답자의 70%가 두 자녀를 원하지 않았다. 그 가운데 24%는 단지 한 자녀만 원한다고 명확히 밝혔으며, 46%는 아마도 한 자녀만 원할 것 같다고 응답했다. 아이를 키우는 비용이 사람들을 주저하게 하는 주요 원인인 것으로 보인다. 아이 하나를 키우는 부담이 이미 충분히 크므로, 아이 둘을 키우는 것은 많은 가정의 경제력을 넘어서는 것이다. 대략적인 추산에 따르면, 상하이에서 아이 하나를 낳아서 대학을 졸업시키기까지 최소 100만 위안이 든다고 한다. 첫아이가 아들인 일부 젊은 부부들은 둘째도 남자아이일까 봐 걱정한다. 상하이 사람들은 아들을 기르는 비용이 딸보다 훨씬 많이 든다고 생각하는데, 아들이 자라서 결혼할 때 그들을 위해 집을 사줘야 하는 부담을 져야 하기 때문이다.

〈뉴욕 타임스〉는 2013년 말 '(부부 중 한 명이 외동일 경우 허용하는) 두 자녀' 정책이 시행된 이후, 2015년 5월까지 중국 전역에서 약 145만 쌍의 부부가 둘째 출산을 신청했는데, 이는 '두 자녀' 정책 조건에 부합하는 부부 수의 약 12%에 불과한 것이며, 이로 인해 인구학자와 정책 입안자들이 크게 실망했다고 보도했다. 지금 중국이 두 자녀 정책을 전면 시행하고 있는 것은 분명 베이비붐을 일으켜 국가에 더 많은 노동력을 제공하고, 아울러 사람들이 더 많이 소비하도록 장려하기 위한 것이다.

副课文 Plus Text

윈난 '총각 마을': 인구 성비 불균형 사건

최근 몇 년 사이 농촌의 결혼 적령기 남녀 비율의 극심한 불균형으로 인해 노총각이 배우자를 찾기가 심히 우려될 만큼 어려워졌다. 쉬안웨이시 원싱향 자오쟈촌의 경우, 이 마을에 결혼해서 가정을 꾸리지 못한 30세 이상의 총각만 40여 명에 이른다. 무엇이 이런 상황을 초래했을까? 기자는 좀 더 알아보았다.

아내를 얻기 어려운 이유는 바로 빈곤

이 마을은 105가구 480명으로 1인당 순소득이 1,000여 위안에 불과하다. 이 마을의 젊은 여자들은 대부분 자기 마을로 시집가는 것을 꺼려서, 어떤 사람은 일찌감치 다른 마을로 시집을 가고 어떤 사람은 오랫동안 외지에 가서 일하다가 타향으로 시집을 간다. 그런데 다른 마을의 젊은 여자들도 이 마을로 시집오는 것을 꺼려서 마을에 있는 젊은 총각들이 독신일 수밖에 없는 결과를 낳았다. 이들에게 장가를 가서 자식을 낳는 것은 일종의 비현실적인 꿈이 되었다. 시간이 흐르면서 그들은 성격이 괴팍하고 이상하게 변했고, 생리적, 심리적, 정신적 스트레스가 너무 심해서 그들의 가족도 영향을 받게 되었다. 최근 몇 년 동안 이 마을의 젊은 남자 중에 아내를 맞이하여 가정을 꾸리는 이가 거의 없었다. 통계 부문의 수치에 따르면, 2000년부터 전국적으로 다섯 차례 인구 센서스를 실시한 이래로 이 마을의 인구는 줄곧 마이너스 성장을 보였다.

농촌의 수많은 총각들이 장가를 가지 못하면 이들과 그 가족의 생활에 영향을 미칠 뿐만 아니라 농촌 경제의 더 나은 발전과 사회의 조화와 안정에도 영향을 미치게 된다.

남녀 성차별이 빚어낸 '쓰라린 결과'

오랫동안 많은 농촌, 특히 가난하고 낙후된 산간벽지에서는 '남존여비', '혈통 계승', '자식에 의존한 노후 대비' 등의 전통 관념에 영향을 받아 일부 농민들은 불법적인 태아 성감별과 선택적 인공 수정을 했고, 어떤 가정에서는 여자아이를 낳았더라도 고통을 참아가며 다른 사람에게 입양시키기도 했다. 또 심지어 어떤 이는 인구와 산아제한 정책을 어기고 아들을 낳을 때까지 초과 출산을 강행하기도 했다. 이런 갖가지 원인으로 인해 농촌 출생 인구의 남녀 성비가 비교적 높거나 심지어 불균형한 상황까지 초래되었으며, 가장 직접적으로는 바로 수많은 노총각이 생겨나는 결과를 낳았다.

그 밖에 일부 가난한 농촌에서는 노동력이 도시나 발전한 지역으로 유입되고, 집에는 노인과 어린이, 일부 기혼여성만 남아 결혼 적령기 젊은 여성의 부족으로 인해 많은 수의 농촌 노총각들이 가정을 꾸리지 못하게 된 것이다.

'남자는 남아돌고 여자는 부족한 시대'의 도래

중국 사회 과학원이 2010년 발표한 〈사회 보고서〉에 따르면 현재 19세 이하 연령대의 인구 성비가 심각한 불균형을 보이며, 2020년이 되면 중국의 결혼 적령기 남성 수가 여성보다 2,400만 명 더 많아진다고 한다. 추산에 따르면, 2020년에는 아내를 구하지 못한 결혼 적령기의 남성이 수천만 명에 이를 것이다. 일각에서는 이것이 '남자는 남아돌고 여자는 부족한' 시대가 이미 도래했음을 보여주는 것이라고도 한다. 난카이대학 경제학부 인구와 발전 연구소의 위안신 교수는 불과 20여 년 사이에 출생 성비가 비교적 높은 곳은 동부에서 서부로, 농촌에서 도시로 급속히 퍼져 거의 전국 곳곳을 뒤덮었다고 지적하였다.

전문가들은 가정은 사회의 기반이며, 가정의 안정이 사회 안정의 전제 조건인데, 결혼해야 할 미혼 남성이 급증하게 되면 결혼과 가정의 안정이 위태로워져 매매혼, 부녀자 인신매매, 성매매 등 불법 범죄행위가 많이 늘어날 수 있다고 우려한다. 남녀 비율의 불균형은 취업 압박의 문제도 가져올 수 있다. 남성의 노동력 과잉은 노동력 취업 시장의 경쟁을 증가시켜 여성의 취업난을 심화시킨다. 어떤 업종과 직업에서는 여성이 부족하여 남성으로 대체하려는 현상이 나타날 수 있다. 출생 인구의 성비 불균형은 이미 중국 사회에 큰 고질병이 되었으므로 정부와 사회의 관심을 환기할 필요가 있다.

글로벌 핫이슈로 읽는 오늘의 중국

北京大學出版社
PEKING UNIVERSITY PRESS

《今日世界面面观 汉语焦点新闻选读》原著

포커스
F O C U S
중국어

독해 2

WORKBOOK

 시사중국어사

포커스
FOCUS
중국어
독 해
❷

WORKBOOK

시사중국어사

차 례

经济改革如何与危机赛跑

경제 개혁은 경제 위기와 어떻게 경주할 것인가

1 단어의 의미를 쓰세요.

❶ 外企 _____ ❷ 方式 _____

❸ 欧式 _____ ❹ 势力 _____

❺ 形势 _____ ❻ 暴力 _____

❼ 下跌 _____ ❽ 沸点 _____

❾ 时机 _____ ❿ 创造性 _____

⓫ 竞争力 _____ ⓬ 老年化 _____

2 서로 관계 있는 것끼리 연결하세요.

❶ 爆发 •   • a. 消费

❷ 探求 •   • b. 这个难得的机遇

❸ 把握 •   • c. 今后的发展

❹ 纵观 •   • d. 金融危机

❺ 刺激 •   • e. 城镇医疗事业

❻ 致力于 •   • f. 新的合作方式

3 두 단어의 쓰임새를 구분하여 빈칸을 채우세요.

(1) 把握 vs 握

❶ _____ 机遇; _____ 手

❷ _____ 节奏; _____ 笔; _____ 方向

> TIP 把握는 일반적으로 더 추상적인 의미에서 사용되며 문어 표현이다.
> 握는 비교적 구체적인 의미에서 사용되며 구어 표현이다.

(2) 取胜 vs 胜

❶ 这次篮球比赛我们的校队 _____ 了。

❷ 只有充分了解敌方，才能在战争中 _____ 。

❸ 在这次数学竞赛中，北京八中 _____ 了北京四中。

❹ 要想在未来的经济竞争中 _____ ，人才的培养和科技的发展十分重要。

> TIP 取胜은 주로 추상적인 의미에서 사용되는 문어 표현이며, 목적어를 취할 수 없다.
> 胜은 비교적 구체적인 의미에서 사용되는 구어 표현이며, 목적어를 취할 수 있다.

4 보기에서 알맞은 표현을 골라 문장을 완성하세요.

보기	a. 所	b. 并	c. 由	d. 于
	e. 既	f. 为	g. 而且	h. 以来

❶ 据分析，老人死 _____ 突发性心脏病。

❷ 北京不仅是中国的政治中心，_____ 是文化中心。

❸ 由于家长的溺爱，独生子女 _____ 缺乏独立生活的能力，也缺乏社会交际能力。

❹ 她是 _____ 公司挑选出来承担这项工作的。

❺ 据报道，英国一家超市 _____ 售的巧克力含有对人体有害的病菌。

❻ 她照顾那个女孩 _____ 报了警，最后找到了小女孩的父母。

❼ 自从上大学 _____ ，他一直坚持每天跑步。

❽ 学生还是要以学习 _____ 主要任务，打工是次要的。

5 한국어로 번역하세요.

① 政府应该保障一个公开、透明的市场，为经济发展提供一个良好的环境。

_____

_____

_____

② 日本政府高达56.8万亿日元的经济刺激计划中，有6万亿日元用于绿色能源产业的发展。

_____

_____

_____

6 중국어로 작문해 보세요.

■ 본 과에서 학습한 단어와 문형 표현을 사용하여 제시된 주제에 맞게 200~300자 정도 분량으로 작문하세요.

在你看来，2008年金融危机后，美国和欧洲国家的经济面临着什么样的挑战？近几年来欧美的经济是否有所改善？中国经济对这些国家、地区、以及世界经济的影响是什么？

浅析中国同性恋现象

중국 동성애 현상에 대한 분석

1 단어의 의미를 쓰세요.

❶ 异地恋 _____   ❷ 安全感 _____

❸ 自我意识 _____   ❹ 跨学科 _____

❺ 非官方 _____   ❻ 自信心 _____

❼ 跨文化 _____   ❽ 非营利组织 _____

2 보기에서 알맞은 표현을 골라 문장을 완성하세요.

> **보기**　a. 属于……范畴　　b. 发出……感慨　　c. 举行……仪式

❶ 我国民族传统体育 _____ 民俗文化的 _____，其中蕴涵着深厚的
文化内涵。

❷ 那些参加奥运会的运动员们 _____ 了同样的 _____；获得奥运会
冠军太难了！"

❸ 面对巨大的贫富差距，很多人 _____ 这个社会不公的 _____。

❹ 美国总统在白宫 _____ 了隆重的 _____ 欢迎中国贵宾。

❺ 这些问题 _____ 心理学 _____，你去看看相关的书籍。

❻ 听说你们要结婚了，在哪儿 _____ 结婚 _____？

3 밑줄 친 부분에 알맞은 표현을 찾아 문장을 완성하세요.

❶ 他说的 _____ 是对的，我们就要听。

    a. 虽然   b. 既然   c. 竟然   d. 即使

❷ _____ 怕受到歧视，很多同性恋者不敢暴露身份。

    a. 只有   b. 虽然   c. 由于   d. 即使

❸ _____ 估计，这家公司今年损失高达3000万美元。

    a. 以   b. 为   c. 对   d. 据

❹ 这次事故只 _____ 总经理有关，其他人不承担责任。

    a. 同   b. 为   c. 据   d. 被

❺ 希望你以身体 _____ 重，不要过分悲伤。

    a. 同   b. 为   c. 于   d. 及

❻ 不要 _____ 他的甜言蜜语所欺骗，要多观察他的所做所为。

    a. 于   b. 与   c. 被   d. 同

❼ 月薪一万元 _____ 刚毕业不久的大学生来说，确实是不小的数目。

    a. 与   b. 同   c. 为   d. 对于

4 문장의 내용을 바르게 이해한 것을 고르세요.

① 绝大多数的同性恋者不得不隐匿自己的身份，仍然戴着面具生活。

    a. 很多同性恋者要把身份隐藏起来。

    b. 大多数同性恋者不用隐藏自己的身份。

    c. 大多数同性恋者用面具隐藏自己。

    d. 在日常生活中，大多数同性恋者戴着面具。

② 在中国，尽管同性恋依然是一个非主流的禁忌话题，但是中国社会对同性恋的宽容度正在逐步扩大。

    a. 虽然人们都在公开谈论同性恋的问题，但是大多数不支持同性恋。

    b. 虽然中国不公开谈论同性恋的问题，但是越来越多的人对同性恋表示理解。

    c. 虽然人们不公开谈论同性恋的问题，但是多数人支持同性恋结婚。

    d. 虽然中国社会对同性恋越来越不宽容，但是人们依然公开谈论有关同性恋的话题。

5 한국어로 번역하세요.

① 中国文化源远流长，中国人对自己的主流文化很有信心，从不担心被非主流文化所影响。

_____

_____

_____

② 由于在宣传上常把艾滋病与同性恋相联系，加深了一些缺乏相关知识的人们对同性恋的歧视。

_____

_____

_____

6 중국어로 작문해 보세요.

■ 본 과에서 학습한 단어와 문형 표현을 사용하여 제시된 주제에 맞게 200~300자 정도 분량으로 작문하세요.

> 在中国，同性恋者面对哪些方面的压力？中国公众对同性恋的接纳程度比较高，历史和文化的原因有哪些？在韩国，同性恋者有什么压力？你对同性恋的看法是什么？

3

3D打印与未来生活
3D 프린팅과 미래의 삶

1 단어의 의미를 쓰세요.

① 装饰品 _____ ② 复发 _____

③ 饭卡 _____ ④ 茶具 _____

⑤ 洗碗机 _____ ⑥ 文学家 _____

⑦ 海域 _____

2 서로 관계 있는 것끼리 연결하세요.

① 破获 •   • a. 教育

② 普及 •   • b. 假肢

③ 推出 •   • c. 后果

④ 采纳 •   • d. 凶杀案

⑤ 致命的 •   • e. 步伐

⑥ 柔软的 •   • f. 意见

⑦ 蹒跚的 •   • g. 新产品

14

3 두 단어의 쓰임새를 구분하여 빈칸을 채우세요.

(1) 存储 vs 存

❶ _____ 包；光盘 _____ ；_____ 安全

❷ 网络 _____ ；_____ 钱；_____ 衣服；_____ 管理

> TIP 存储은 '저장', '저장하다'의 뜻으로 주로 추상적인 의미에서 사용하며, 문어 표현에 속한다.
> 存은 '저장하다', '보관하다', '예금하다'의 뜻으로 비교적 구체적인 의미로 사용되며, 구어 표현에 속한다.
> 存储은 동사와 명사로 사용할 수 있지만, 存은 동사로만 사용한다.

(2) 开启 vs 开

❶ _____ 车；_____ 新时代

❷ _____ 知识的宝库；_____ 窗；_____ 门

> TIP 开启는 주로 추상적인 의미로 사용되며, 문어 표현에 속한다.
> 开는 비교적 구체적인 의미로 사용되며 구어 표현에 속한다.

4 밑줄 친 부분에 해당하는 알맞은 설명을 찾으세요.

❶ 3D打印能打印婚纱、戒指、房子和车子，它真的"无所不能"吗?

　　a. 没有什么不能做到的　　b. 什么都不行　　　　c. 什么都知道

❷ 很多人的梦想是能到世界各地旅行，这并不是遥不可及的。

　　a. 路太远了　　　　　　b. 不能实现　　　　　c. 很容易实现

❸ 电影《Hachi: A Dog's Tale》的故事让我感动不已。

　　a. 一直很感动　　　　　b. 不再感动　　　　　c. 无法感动

❹ 机器人服务员首次亮相中国的麦当劳餐厅。

　　a. 在公共场所出现　　　b. 很明亮　　　　　　c. 不清楚

❺ 他的病是先天的，很难治好。

　　a. 出生以后才有的　　　b. 很早以前得的　　　c. 生来就有的

❻ 在纽约和上海，你都可以租公共自行车出行，非常便捷。

　　a. 方便　　　　　　　　b. 快速　　　　　　　c. 便宜

5 보기에서 알맞은 표현을 골라 문장을 완성하세요.

| 보기 | a. 该 | b. 当中 | c. 到 | d. 之 |

① 对全球近1.4万IT安全专业人士的调查显示，在过去的几年里，女性在IT安全工作人员 _____ 的比例只有10%。

② Apple watch开启了一个新时代， _____ 产品能够用语音控制电视。

③ 我认为世界上最难的职业 _____ 一是总统的工作。

④ 2011年日本大海啸造成的损失大 _____ 无法估计。

6 한국어로 번역하세요.

① 在他们的这场婚礼中所用到的灯具、喜糖盒、筷子、首饰，甚至包括结婚戒指、手捧花、婚纱等等全部都是由他们自己设计并由3D打印制成的。

_____

_____

_____

② 3D打印也就是人们常说的增材制造，即利用数字文件通过3D打印机制造3D实物的先进制造和设计流程。

_____

_____

_____

7 중국어로 작문해 보세요.

■ 본 과에서 학습한 단어와 문형 표현을 사용하여 제시된 주제에 맞게 200~300자 정도 분량으로 작문하세요.

如果你有一台3D打印机，你想打印什么？它对人们的未来生活会造成什么影响？

在线大学：
在网络时代实现 "有教无类" 的梦想

온라인 대학: 인터넷 시대에 '차별 없는 교육'의 꿈을 실현하다

1 단어의 의미를 쓰세요.

❶ 微型 _____ ❷ 记者 _____

❸ 重建 _____ ❹ 免税 _____

❺ 五星级 _____ ❻ 证书 _____

❼ 首演 _____ ❽ 互动 _____

2 서로 관계 있는 것끼리 연결하세요.

❶ 维护 • • a. 准则

❷ 禁止 • • b. 法案

❸ 违背 • • c. 威胁

❹ 提出 • • d. 权利

❺ 签署 • • e. 堕胎

❻ 受到 • • f. 挑战

❼ 缺乏 • • g. 时代

❽ 超越 • • h. 动力

3 두 단어의 쓰임새를 구분하여 빈칸을 채우세요.

(1) 遥远 vs 远

❶ 我们无法预测 _____ 的未来，所以要把握好现在。

❷ 北京离天津有多 _____ ？

❸ 老师望着 _____ 处，好像在思考着什么。

❹ 妻子把丈夫送到门外，一直看到他走得很 _____ 才回来。

❺ 这些孩子来自 _____ 的非洲，需要特别的关心和照顾。

> TIP 遥远과 远은 모두 '먼', '멀리'의 뜻으로 遥远은 주로 문어에서 사용하고, 远은 문어와 구어에서 모두 사용한다. 遥远은 주로 2음절어를 수식하고, 보어로 쓸 수 있으나, 远은 주로 1음절어를 수식하고 보어로 쓸 수 없다. 또한 远은 不에 의해 부정될 수 있지만, 遥远은 并 없이는 不에 의해 직접 부정될 수 없으므로 不遥远으로 쓰지 않고 并不遥远으로 쓴다.

(2) 方式 vs 方法

❶ 我舅舅长期生活在偏僻的农村，不习惯城市的生活 _____ 。

❷ 他纠正别人的错误很有 _____ ，总是让对方能够接受。

❸ 有人说，中国人的思维 _____ 跟西方人很不一样。

❹ 请告诉我你记汉字有什么好 _____ 。

> TIP 方式과 方法 모두 '방식', '방법'을 의미한다. 方式는 어떤 것이 흘러가는 방식을 강조하는데, 대개는 형성된 패턴이나 관습, 또는 특정한 행동 방식을 강조한다. 흔히 生活이나 工作와 결합된다. 方法는 어떤 문제에 대한 방법이나 해결책을 강조하며, 思想, 学习, 训练 등과 자주 결합한다.

(3) 替代 vs 替

❶ 你去邮局的时候，顺便 _____ 我买几张邮票好吗?

❷ 知道你已经被那家大公司录用了，我们都 _____ 你高兴。

❸ 在孩子眼中，妈妈的角色是不可 _____ 的。

❹ 这家飞机公司正在研制新式发动机以 _____ 老式发动机。

> TIP　替代와 替은 모두 '대신하다', '대체하다'를 의미하는 동사이다. 替代는 주로 문어에서 사용하고, 替는 주로 구어에서 사용한다. 替는 '위하여'를 의미하는 전치사가 될 수 있지만, 替代는 전치사로서 기능하지 않는다.

(4) 缺乏 vs 缺少

❶ 一位优秀的领导人绝对不能 _____ 号召力和判断力。

❷ 加州今年特别 _____ 雨水，全年干旱，可能农业要减产。

❸ 这个句子的结尾 _____ 一个句号，请加上。

❹ 你不能改正错误是因为你 _____ 对这个问题的正确认识。

> TIP　缺乏와 缺少는 모두 '부족하다'는 뜻의 동사이다. 缺乏는 추상적인 목적어만 취할 수 있으며, 그 목적어는 수사의 수식을 받을 수 없다. 缺少는 추상적인 목적어와 구체적인 목적어를 모두 취할 수 있고, 그 목적어는 수사의 수식을 받을 수 있다.

4 밑줄 친 부분에 해당하는 알맞은 설명을 찾으세요.

① 有了智能手机以后，我就可以<u>随时随地</u>上网了。

    a. 随着时间和地点

    b. 在任何时间、任何地点

    c. 选择时间、地点

② 大多数同学对这个话题不感兴趣，只有他<u>兴趣盎然</u>地说个不停。

    a. 兴趣浓厚

    b. 不感兴趣

    c. 兴趣不太大

③ 他在女孩子面前总是<u>侃侃而谈</u>，在男孩子面前则默默无言。

    a. 信心十足地说个不停

    b. 大声说话

    c. 说话不多

④ 教育的最高理想就是<u>有教无类</u>，我们应该向着这个方向努力。

    a. 有的人没有受教育机会

    b. 任何人都可以受到教育

    c. 不同背景的人受到不同的教育

⑤ 他去国外留学四年，回来后大不一样，令人<u>刮目相看</u>。

    a. 难以改变对他的看法

    b. 增加了对他的好奇心

    c. 重新看待他

5 보기에서 알맞은 표현을 골라 문장을 완성하세요.

보기	a. 不论	b. 于是	c. 于	d. 为
	e. 在于	f. 之所以		

❶ _____ 我做什么，在她眼里都是对的。

❷ 我 _____ 这么做是因为那时候我不知道事情的真相。

❸ 你学不好汉字的原因 _____ 你从不练习书写。

❹ 我学习中文是受了姐姐的影响，姐姐要来中国留学， _____ 我也就来了。

❺ 我开始弹钢琴的时候完全是出 _____ 好奇心，后来就越弹越喜欢了。

❻ 2008年奥巴马被选 _____ 美国总统，入住白宫。

❶ 这场席卷全球的"慕课教学实践"使世界上最优质的教育传播到地球最偏远的角落，也让"随时随地"的终身学习不再遥远。

_____

_____

_____

❷ "慕课"教学不仅向全球免费提供知名高校的优质课程，而且正在通过课堂与在线混合模式重构校园教育。

_____

_____

_____

❸ "慕课"预示着教育领域有发生颠覆性变革的可能性，向那些每年收五万美元学费的大学提出一个挑战：如果知识可以从互联网免费获得，你得提供什么样的教育才值这个钱？

_____

_____

_____

7 중국어로 작문해 보세요.

■ 본 과에서 학습한 단어와 문형 표현을 사용하여 제시된 주제에 맞게 200~300자 정도 분량으로 작문하세요.

"慕课"教学有什么优点和缺点？你注册过免费网络课程吗？你对网络课程有什么看法？

5 奥运会与兴奋剂

올림픽과 도핑

1 단어의 의미를 쓰세요.

① 银器 _____ ② 食物 _____

③ 杀虫剂 _____ ④ 水手 _____

⑤ 广告牌 _____ ⑥ 政坛 _____

2 서로 관계 있는 것끼리 연결하세요.

① 增进 •   • a. 名利

② 剥夺 •   • b. 友谊

③ 追逐 •   • c. 权利

④ 难以 •   • d. 对手

⑤ 追赶 •   • e. 超越

⑥ 公平 •   • f. 竞争

3 두 단어의 쓰임새를 구분하여 빈칸을 채우세요.

(1) 剥夺 vs 夺

❶ _____ 资格; _____ 枪

❷ _____ 头衔; _____ 刀; _____ 权利

> TIP 剥夺는 주로 추상적인 의미로 사용하며 문어에서 자주 쓰인다.
> 夺는 비교적 구체적인 의미로 사용하며 구어에서 자주 쓰인다.

(2) 建立 vs 建

❶ _____ 信心; _____ 工厂

❷ _____ 制度; _____ 家庭; _____ 小学

> TIP 建立는 주로 추상적인 의미로 사용하며 문어에서 자주 쓰인다.
> 建은 비교적 구체적인 의미로 사용하며 구어에서 자주 쓰인다.

4 밑줄 친 부분에 해당하는 알맞은 설명을 찾으세요.

➊ 中华酒文化<u>源远流长</u>。

    a. 路很远

    b. 有着很长的历史和传统

    c. 河流很长

➋ 期末考试后，学生都<u>精疲力尽</u>。

    a. 非常累   b. 没有能力   c. 心情不好

➌ 做任何事只要<u>坚持不懈</u>，就会成功。

    a. 一直努力   b. 不轻松   c. 不努力

➍ 练习太极拳的好处<u>不胜枚举</u>。

    a. 不多   b. 太少   c. 很多

➎ 总统的<u>丑闻</u>被新闻披露了出来。

    a. 新闻   b. 不好的消息   c. 长得丑的消息

➏ 学习的道路没有<u>尽头</u>。

    a. 起点   b. 终点   c. 中间点

5 보기에서 알맞은 표현을 골라 문장을 완성하세요.

보기	a. 为	b. 随之	c. 以
	d. 因……而……	e. 只要……就……	

❶ 四川火锅 _____ 麻辣 _____ 闻名。

❷ 他因为一件小事就自杀了，这让人们大 _____ 震惊。

❸ 你 _____ 不再吃炸鸡 _____ 能减肥。

❹ 城市私家车数量不断增加，交通越来越拥挤，交通事故也 _____ 增加。

❺ 这个图书馆每年二分之一的资金 _____ 购买新出的书籍。

6 한국어로 번역하세요.

① 现代奥运史上最早的服用兴奋剂的事件发生在1904年的美国圣路易斯第三届现代奥林匹克运动会上。

② 在澳大利亚，几乎有三分之一的运动员表示会考虑使用兴奋剂提高成绩。

중국어로 작문해 보세요.

■ 본 과에서 학습한 단어와 문형 표현을 사용하여 제시된 주제에 맞게 200~300자 정도 분량으로
작문하세요.

人们往往在利益的驱使下，做不该做的事儿。你认为奥运会服用兴奋剂的
现象会彻底消除吗？为了减少或消除服用兴奋剂的事件，奥林匹克委员会
应该采取什么措施？每个国家应该做些什么？

6 道德还是自由: 美国堕胎合法化之争

도덕인가 자유인가: 미국 낙태 합법화에 관한 논쟁

1 단어의 의미를 쓰세요.

① 发言人 _____　② 草药 _____

③ 婚期 _____　④ 畸形 _____

⑤ 反政府 _____　⑥ 强化 _____

2 서로 관계 있는 것끼리 연결하세요.

① 剥夺　•　　•　a. 准则

② 禁止　•　　•　b. 法案

③ 违背　•　　•　c. 威胁

④ 实施　•　　•　d. 权利

⑤ 签署　•　　•　e. 堕胎

⑥ 受到　•　　•　f. 手术

⑦ 解决　•　　•　g. 争端

⑧ 公布　•　　•　h. 公投

⑨ 发表　•　　•　i. 声明

⑩ 发动　•　　•　j. 消息

3 두 단어의 쓰임새를 구분하여 빈칸을 채우세요.

(1) 采取 vs 采用

❶ 我们两个球队虽然是竞争对手，但是相互之间不应该 _____ 敌对的态度。

❷ 工厂决定 _____ 新技术，提高生产效率。

❸ 政府必须 _____ 强有力的措施，控制有害气体的排放。

❹ 他的计划一旦被 _____ ，会给我们公司造成不利的局面。

> TIP 采取와 采用은 모두 '채용하다', '채택하다', '취하다'라는 뜻이다. 采取는 대체로 추상적인 목적어를 취하고, 采用은 구체적인 목적어와 추상적인 목적어를 모두 취할 수 있다.

(2) 受到 vs 遭受

❶ 那个学生上课表现好，学习努力， _____ 了老师的表扬。

❷ 听了他的演讲，使我 _____ 了很大的启发。

❸ 一个人一生总是会 _____ 一些挫折和失败。

❹ 这个地区今年八月 _____ 了洪水的侵袭。

> TIP 受到와 遭受는 '받다', '만나다', '당하다'라는 의미의 동사로 목적어는 반드시 2음절이어야 한다.
> 遭受는 재난이나 불행과 같이 부정적 의미의 목적어만 취할 수 있고, 受到는 긍정, 중립, 부정적 의미의 목적어를 모두 취할 수 있다.

(3) 将vs把

① 很多人都在讨论是否 _____ 堕胎合法化。

② 那位老师 _____ 我的笔记本拿走了。

③ 你们不要 _____ 问题复杂化。

④ 为了赌博，他不但 _____ 所有的积蓄花光， 还跟朋友借了一大笔钱。

⑤ _____ 心比心，我非常理解你的感受。

⑥ 这次我一定把任务完成， _____ 功折罪。

> TIP 将과 把는 모두 전치사로서 동사의 목적어를 동사 앞으로 전치하여 동사의 동작이 대상에 어떠한 영향
> 을 미치는지를 나타내는 데 쓰인다. 将은 주로 문어 표현에 쓰이고, 把는 주로 구어 표현에 쓰인다. 또한
> 将은 拿 또는 用의 의미를 나타낼 수도 있으며, 관용 표현에 자주 사용된다.

(4) 显示vs显得

① 近两年来中国经济 _____ 了很强的增长势头。

② 如果把这些书到处乱放， 房间会 _____ 非常拥挤。

③ 你穿上这条裙子，带上帽子， _____ 更加漂亮了。

④ 这次画展 _____ 了这一代画家高超的艺术水平。

> TIP 显示과 显得은 모두 동사이다. 显示는 '드러내 보이다', '분명하게 표현하다'라는 의미로 명사를 목적어
> 로 취하고, 显得는 '~인 것처럼 보이다', '분명히 ~이다'라는 의미로 형용사만 목적어로 취할 수 있다.

(5) 更加 vs 更

❶ 这里的风景比那里 _____ 美。

❷ 今年的收入很好，希望明年 _____ 上一层楼。

❸ 来到中国以后，他 _____ 感到学习中文的重要性。

❹ 这件事以后，我的老师比以前 _____ 严格。

> TIP　更加와 更은 모두 '더', '더욱'이라는 뜻의 부사이다. 更加는 주로 문어 표현에 쓰이고, 更은 주로 구어 표현에 쓰인다. 또한 更加는 1음절 형용사와 동사를 수식할 수 없지만, 更은 이러한 제약이 없다.

4 밑줄 친 부분에 해당하는 알맞은 설명을 찾으세요.

① 在美国关于枪支管制的争论<u>愈演愈烈</u>。

   a. 越来越少

   b. 越来越激烈

   c. 越来越严肃

② 学校采用的教学法与全国各地的教学法<u>背道而驰</u>。

   a. 做法相同

   b. 做法完全不同

   c. 做法基本相近

③ 这些学生<u>不顾禁令</u>，仍然在大街上喝酒，结果遭到逮捕。

   a. 不服从法令

   b. 不愿意受到管教

   c. 不会受到处罚

5 보기에서 알맞은 표현을 골라 문장을 완성하세요.

보기	a. 而	b. 否则	c. 无异于	d. 被视为
	e. 该	f. 对……而言	g. 于	h. 为
	i. 对			

❶ 每天喝酒吸烟 _____ 慢性自杀，应该马上戒掉。

❷ 这个学生因为论文质量高 _____ 得了奖。

❸ 他每天锻炼三个小时，_____ 身体不会这样健康。

❹ 任何一个有残疾的人都不能 _____ 无能。

❺ _____ 父母来说，孩子的健康和教育应该是最重要的。

❻ 老师们对王明的评语是：_____ 生品学兼优，成绩优异。

❼ _____ 教学 _____，这个课堂活动并没有实现教学目标。

❽ 参加各种课外活动有利 _____ 培养学生的兴趣爱好。

❾ _____ 加快经济的发展，政府采取了免税政策。

6 한국어로 번역하세요.

① 经营南达科他州唯一堕胎诊所的"家庭计划联盟"称，这项法律"悍然违宪"，极其危险，而且得不到大多数美国人的支持。

_____

_____

_____

② 无论美国人在像堕胎这样的富有争议的问题上分歧有多大，都不应该用暴力这样恶劣的行动来解决争端。

_____

_____

_____

7 중국어로 작문해 보세요.

■ 본 과에서 학습한 단어와 문형 표현을 사용하여 제시된 주제에 맞게 200~300자 정도 분량으로 작문하세요.

你觉得堕胎应该禁止还是合法化？为什么？

7 美国金牌主播因 "说谎门" 而 "下课"

미국의 최고 앵커 '거짓말 논란'으로 하차

1 단어의 의미를 쓰세요.

❶ 受害 _____ ❷ 洗衣机 _____

❸ 导弹 _____ ❹ 新闻界 _____

❺ 曝光率 _____ ❻ 停薪 _____

❼ 失信 _____ ❽ 艳照门 _____

❾ 可信度 _____

2 서로 관계 있는 것끼리 연결하세요.

❶ 虚假 •   • a. 人士

❷ 重磅 •   • b. 伎俩

❸ 严厉 •   • c. 主播

❹ 惯用 •   • d. 谎话

❺ 辉煌 •   • e. 炸弹

❻ 知名 •   • f. 处罚

❼ 低级 •   • g. 事业

❽ 显赫 •   • h. 报道

3 두 단어의 쓰임새를 구분하여 빈칸을 채우세요.

(1) 经历 vs 经验

① 你中文学得这么好，能不能说说你的 _____ 。

② 这位老师很有 _____ ，我们都得向他请教。

③ 这本书写的是他过去在中国工作的 _____ 。

④ 50后的那代人都 _____ 了"文化大革命"。

> TIP 经历와 经验은 모두 '경험'이라는 뜻의 명사이다. 经验은 과거의 경험에서 얻은 지식이나 기술을 강조하는 반면, 经历는 개인이 겪은 경험을 말한다.

(2) 回顾 vs 回忆

① 你说的这个事，我实在一点儿也 _____ 不起来了。

② _____ 中国改革开放的二十年历程，使我们对未来的经济前景充满信心。

③ 在中国留学的两年，给我留下了美好的 _____ 。

④ 要探讨中美关系，我们首先要 _____ 一下中美关系的建立过程。

> TIP 回顾와 回忆는 모두 '회고하다', '돌이켜 보다'라는 뜻의 동사이다. 回顾는 주로 문어에서 사용하며, 개인적 경험이나 국가 혹은 중요한 사회적 사건에 대한 회상에 쓰인다. 回忆는 문어와 구어에 모두 사용할 수 있고, 명사로도 쓰이며, 개인적인 사건에 대한 회상에만 쓰인다.

(3) 给予 vs 给

❶ 对于那些生活比较困难的学生，老师 _____ 了很大的帮助和支持。

❷ 我们把报告交上去很长时间了，可是他们到现在还没有 _____ 明确的答复。

❸ 他爸爸 _____ 了他一台笔记本电脑。

❹ 这次作文老师 _____ 了她一个很高的分数。

> TIP 给予와 给는 모두 '주다'의 뜻을 나타내는 동사이다. 给予는 문어에서 추상적인 의미로 사용하며 동사를 목적어로 취한다. 给는 구어에서 보다 구체적인 의미로 사용하며 대개 명사가 목적어로 온다.

4 밑줄 친 부분에 해당하는 알맞은 설명을 찾으세요.

① 我刚才从<u>九死一生</u>的危险中奇迹般地逃了出来，现在还惊恐万分。

　　a. 九个人死了，一个人活下来

　　b. 死了很多次

　　c. 经历了极大的危险而活下来

② 有了这些忠实的歌迷的支持，他的事业才会更加<u>如日中天</u>。

　　a. 刚刚起步

　　b. 事业兴盛

　　c. 开始下滑

③ 侵略者常常为自己发动战争的强盗行径<u>涂脂抹粉</u>。

　　a. 对丑事进行美化

　　b. 在书上乱涂乱画

　　c. 化妆

④ 在中国的封建社会，皇权是<u>至高无上</u>的。

　　a. 什么都能做

　　b. 地位最高的

　　c. 并不是最高的

5 보기에서 알맞은 표현을 골라 문장을 완성하세요.

> 보기
> a. 如此　　　b. 就　　　c. 以便　　　d. 据
> e. 即使　　　f. 以……为……　　g. 尤其

❶ ＿＿＿＿＿＿ 估计，欧洲每年要花7000多万欧元用于发展农业科学技术。

❷ 两国总理 ＿＿＿＿＿＿ 如何促进经济发展和相互合作达成很多共识。

❸ 因为这次地震发生在山区，救援队派出了三架直升机，＿＿＿＿＿＿ 及时救出
受伤的灾民。

❹ ＿＿＿＿＿＿ 在寒冷的冬天，我们也要坚持锻炼。

❺ 虽然只是一个普通职员，他却对公司的大小事务十分关心，节假日也常到公
司加班。大家都称赞他 ＿＿＿＿＿＿ 公司 ＿＿＿＿＿＿ 家。

❻ 李老师非常喜欢运动，＿＿＿＿＿＿ 喜欢长跑。

❼ 我没有想到北京的雾霾竟然 ＿＿＿＿＿＿ 严重！再不采取措施改善的话，后果
将不堪设想。

6 한국어로 번역하세요.

❶ 该事件不仅使威廉姆斯的可信度受到了质疑，也使人们对NBC新闻频道的操守和审查提出了批评。

_____

_____

_____

❷ 这一 "说谎门" 事件带来的最重要启示是，身居高位的人即使有了至高无上的地位和荣誉，仍然可能通过造假提高自己的声誉，以便让人更加仰慕、崇拜他。

_____

_____

_____

7 중국어로 작문해 보세요.

■ 본 과에서 학습한 단어와 문형 표현을 사용하여 제시된 주제에 맞게 200~300자 정도 분량으로 작문하세요.

你怎么看新闻报道不真实的问题? 请分析一下有哪些原因使新闻记者报道虚假新闻。

1 단어의 의미를 쓰세요.

❶ 研究 _____   ❷ 美媒 _____

❸ 历史学家 _____   ❹ 减少 _____

❺ 政界 _____   ❻ 涨价 _____

❼ 出口率 _____   ❽ 供养 _____

2 제시된 형태소를 이용하여 단어를 완성하세요.

❶ | 剂 | 剂 예〉 兴奋剂 _____ 剂 _____ 剂

❷ | 器 | 器 예〉 注射器 _____ 器 _____ 器

❸ | 物 | 物 예〉 药物 _____ 物 _____ 物

❹ | 牌 | 牌 예〉 奖牌 _____ 牌 _____ 牌

❺ | 手 | 手 예〉 选手 _____ 手 _____ 手

❻ | 坛 | 坛 예〉 文坛 _____ 坛 _____ 坛

❼ | 形 | 形 예〉 畸形 _____ 形 _____ 形

❽ | 机 | 机 예〉 直升机 _____ 机 _____ 机

3 두 단어의 쓰임새를 구분하여 빈칸을 채우세요.

(1) 损害 vs 害

❶ _____ 别人的利益; _____ 自己; _____ 名誉

❷ _____ 相互间的信任; _____ 朋友; _____ 夫妻关系

> TIP 损害는 주로 문어에서 추상적인 의미로 사용한다.
> 害는 주로 구어에서 비교적 구체적인 의미로 사용한다.

(2) 解读 vs 读

❶ _____ 生育政策; _____ 书; _____ 信;

❷ _____ 报; _____ 政府的新规定; _____ 电子邮件;
_____ 新闻

> TIP 解读는 주로 문어에서 추상적인 의미로 사용한다.
> 读는 주로 구어에서 비교적 구체적인 의미로 사용한다.

(3) 规避 vs 避

❶ _____ 风险; _____ 风; _____ 雨;

❷ _____ 危险; _____ 税; _____ 法律惩罚

> TIP 规避는 주로 문어에서 추상적인 의미로 사용한다.
> 避는 주로 구어에서 비교적 구체적인 의미로 사용한다.

(4) 竞争 vs 争

❶ 现在的职场 _____ 很激烈。

❷ 你怎么什么都跟他 _____ 呢?

❸ 美国和中国在国际地位上存在着 _____ 。

❹ 你家的经济条件这么好, 就不要跟别的学生 _____ 奖学金了。

> TIP 竞争은 주로 문어에서 추상적인 의미로 사용한다.
> 争은 주로 구어에서 비교적 구체적인 의미로 사용한다.

4 밑줄 친 부분에 해당하는 알맞은 설명을 찾으세요.

① 美国民众对奥巴马的医疗保险政策褒贬不一。

　　a. 评价不一致　　　　b. 有相同的看法　　　　c. 都很赞赏

② 美国民主党和共和党在这个问题上的看法大同小异。

　　a. 完全一样　　　　b. 完全不同　　　　c. 没有很大的不同

③ 在社会老龄化方面，中国可以和日本相提并论。

　　a. 没有相同的地方　　b. 没有可比性　　　　c. 有可比性

④ 事物都不是一成不变的。

　　a. 完全不变　　　　b. 完全改变了　　　　c. 改变了一些

⑤ 他这么做是为了得到别人的好感，这是显而易见的。

　　a. 很容易看出　　　　b. 不容易看出　　　　c. 很难看出

⑥ 这两年北京和上海的房价水涨船高！

　　a. 受全国影响而涨价　　b. 受全国影响而降价　　c. 不受全国影响而涨价

5 보기에서 알맞은 표현을 골라 문장을 완성하세요.

보기	a. 自从	b. 一直	c. 该	d. 通过
	e. 一旦	f. 导致	g. 所	h. 一向
	i. 随着			

➊ _____ 电脑信息化的发展，人们的联络方式越来越快捷方便。

➋ _____ 上个世纪八十年代以来，中国实行了改革开放的政策。

➌《参考消息》十分关注美国大选， _____ 报时常转载美联社的消息。

➍ 他 _____ 提出的问题代表了一部分人的看法。

➎ _____ 讨论，我们大家取得了一致意见。

➏ _____ 发生紧急情况，就打911。

➐"一个中国"是美国政府的 _____ 主张。

➑ 近十年来上海的房价 _____ 上升。

➒ 最近北京的物价又上涨了10%，是什么原因 _____ 这次的物价上涨呢？

6 한국어로 번역하세요.

① 一直关注中国计划生育政策的英国人口老龄化学会学者皮尔·波特认为，近40年的计划生育政策可以说是中国人口战略史上的成功一步。

② 北京、上海等城市数以千万计的老龄群体越来越依赖国家的养老金生活，这让政府的公共项目开支不得不进一步缩减，让社会公共福利质量出现下降。

7 중국어로 작문해 보세요.

■ 본 과에서 학습한 단어와 문형 표현을 사용하여 제시된 주제에 맞게 200~300자 정도 분량으로 작문하세요.

> 根据你的理解，中国的"二胎"政策跟1979年以来推行的计划生育政策有什么不同？在你看来，中国政府为什么要实行"二胎"的政策？中国的人口控制政策对世界的人口发展和经济平衡有什么样的影响？

1 经济改革如何与危机赛跑

1
① 외국 기업　　② 방식　　③ 유럽 스타일　　④ 세력, 힘
⑤ 형세　　⑥ 폭력　　⑦ 떨어지다　　⑧ 비등점, 끓는점
⑨ 시기　　⑩ 창의성　　⑪ 경쟁력　　⑫ 노령화

2
① d　　② f　　③ b　　④ c　　⑤ a　　⑥ e

3
(1) ① 把握　握　　② 把握　握　把握
(2) ① 胜　　② 取胜　　③ 胜　　④ 取胜

4
① d　　② g　　③ e　　④ c　　⑤ a　　⑥ b　　⑦ h　　⑧ f

5
① 정부는 공개적이고 투명한 시장을 보장함으로써 경제 발전을 위한 양질의 환경을 제공해야 한다.

② 일본 정부는 56조 8천억 엔에 이르는 경기 부양책 가운데 6조 엔을 친환경 산업 발전에 사용하고 있다.

② 浅析中国同性恋现象

1 ① 장거리 연애　　　② 안전감, 안정감　　③ 자아의식　　　④ 학제적
⑤ 비정부　　　　　⑥ 자신감　　　　　⑦ 다문화　　　　⑧ 비영리 조직

2 ① a　　　② b　　　③ b　　　④ c　　　⑤ a　　　⑥ c

3 ① b　　　② c　　　③ d　　　④ a　　　⑤ b　　　⑥ c　　　⑦ d

4 ① a　　　② b

5 ① 중국 문화는 유구한 역사를 가지고 있기에 중국인들은 자신의 주류 문화에 대해 자신감이 넘쳐난다. 그래서 지금껏 비주류 문화에 의해 영향을 받을 것이란 걱정을 하지 않았다.

② 에이즈를 주로 동성애와 연관 짓는 선전으로 인해 관련 지식이 부족한 사람들의 동성애에 대한 차별이 심화되었다.

3 3D打印与未来生活

1 ① 장식품　　　　② 재발하다　　　③ 식당 카드　　　④ 다기, 다구 세트
　　⑤ 세척기　　　　⑥ 문학가　　　⑦ 해역

2 ① d　　　② a　　　③ g　　　④ f　　　⑤ c　　　⑥ b　　　⑦ e

3 (1) ① 存　存储　存储　　　② 存储　存　存　存储
　　(2) ① 开　开启　　　　　　② 开启　开　开

4 ① a　　　② b　　　③ a　　　④ a　　　⑤ c　　　⑥ a

5 ① b　　　② a　　　③ d　　　④ c

6 ① 그들의 결혼식에서 사용된 조명, 사탕 상자, 젓가락, 액세서리, 심지어 결혼반지, 부케, 웨딩드레스 등도 전부
　　그들이 스스로 디자인하여 3D 프린팅으로 제작한 것이다.

　　② 3D 프린팅은 사람들이 늘 말하는 적층 가공으로, 디지털 문서를 이용하여 3D 프린터가 3차원 물체를 만들어
　　내는 선진적인 제조 방식이자 설계 공정이다.

4 在线大学: 在网络时代实现 "有教无类" 的梦想 ████████████████████

1 ① 초소형, 마이크로　　② 기자　　　　　　③ 재건하다　　　　④ 면세
　　⑤ 오성급　　　　　　⑥ 증서, 증명서　　⑦ 초연　　　　　　⑧ 상호 작용

2 ① d　　　② e　　　③ a　　　④ f　　　⑤ b　　　⑥ c　　　⑦ h　　　⑧ g

3 (1) ① 遥远　　　　② 远　　　　　③ 远　　　　　④ 远　　　　　⑤ 遥远
　　(2) ① 方式　　　　② 方法　　　　③ 方式　　　　④ 方法
　　(3) ① 替　　　　　② 替　　　　　③ 替代　　　　④ 替代
　　(4) ① 缺乏　　　　② 缺少　　　　③ 缺少　　　　④ 缺乏

4 ① b　　　② a　　　③ a　　　④ b　　　⑤ c

5 ① a　　　② f　　　③ e　　　④ b　　　⑤ c　　　⑥ d

6 ① 전 세계를 휩쓸고 있는 '무크 교육의 실천'으로 인해 세계적으로 가장 우수한 교육이 지구상 가장 외진 곳까지 전파되었고, '언제 어디서나' 이루어지는 평생 교육이 더 이상 요원하지 않게 되었다.

② '무크' 교육은 전 세계에 유명 대학의 우수한 강좌를 무료로 제공할 뿐만 아니라 교실과 온라인 수업을 혼합한 모델을 통해 캠퍼스 교육을 재건하고 있다.

③ '무크'는 교육 영역에 세상이 뒤집힐만한 변혁이 일어날 가능성이 있음을 예고하고 있으며, 매년 5만 달러의 학비를 거두어들이는 대학에 도전하고 있다. 만일 지식이 인터넷으로부터 무료로 얻어진다면 대학은 어떠한 교육을 제공해야 이 돈의 값어치를 할 수 있겠는가?

5 奥运会与兴奋剂

1 ① 은제품　　　　② 식품, 음식물　　　③ 살충제　　　　④ 선원, 갑판원
　　⑤ 광고판　　　　⑥ 정계, 정치계

2 ① b　　② c　　③ a　　④ e　　⑤ d　　⑥ f

3 (1) ① 剥夺　夺　　② 剥夺　夺　剥夺
　　(2) ① 建立　建　　② 建立　建立　建

4 ① b　　② a　　③ a　　④ c　　⑤ b　　⑥ b

5 ① d　　② a　　③ e　　④ b　　⑤ c

6 ① 현대 올림픽 사상 최초의 도핑 사건은 1904년에 있었던 제3회 세인트루이스 올림픽에서 발생했다.

② 호주에서는 거의 3분의 1의 운동선수들이 성적을 올리기 위해 흥분제 사용을 고려할 수 있다고 말했다.

6 道德还是自由: 美国堕胎合法化之争 ░░

1 ① 발표자, 발언자　　② 약초　　　　　　③ 결혼식 날, 혼기, 결혼 적령기
　　④ 기형, 기형적인　　⑤ 반정부　　　　⑥ 강화

2 ① d　　② e　　③ a　　④ f　　⑤ b　　⑥ c　　⑦ g　　⑧ j
　　⑨ i　　⑩ h

3 (1) ① 采取　　　　② 采用　　　　③ 采取　　　　④ 采用
　　(2) ① 受到　　　　② 受到　　　　③ 遭受　　　　④ 遭受
　　(3) ① 把　　　　 ② 把　　　　 ③ 把　　　　 ④ 把
　　　　⑤ 将　　　　 ⑥ 将
　　(4) ① 显示　　　　② 显得　　　　③ 显得　　　　④ 显示
　　(5) ① 更　　　　 ② 更　　　　 ③ 更加　　　　④ 更加

4 ① b　　② b　　③ a

5 ① c　　② a　　③ b　　④ d　　⑤ i　　⑥ e　　⑦ f　　⑧ g　　⑨ h

6 ① 사우스다코타주의 유일한 낙태 클리닉을 운영하는 가족계획 연맹은 이 법안은 '공공연하게 헌법을 위반한' 것
　　으로, 위험천만한 데다 대다수 미국인들의 지지를 받지 못하고 있다고 밝혔다.

　　② 미국인들이 낙태와 같은 논란이 많은 문제에 대해 아무리 의견이 갈리더라도 폭력을 쓰는 나쁜 행동으로 분
　　쟁을 해결하려 해서는 안 된다.

7 美国金牌主播因 "说谎门" 而 "下课"

1
① 해를 입다　　② 세탁기　　③ 미사일　　④ 언론계
⑤ 언론 노출률　　⑥ 급여 정지　　⑦ 신뢰를 잃다　　⑧ 사진 스캔들
⑨ 신뢰도

2
① h　　② e　　③ f　　④ b　　⑤ g　　⑥ c　　⑦ d　　⑧ a

3
(1) ① 经验　　② 经验　　③ 经历　　④ 经历
(2) ① 回忆　　② 回顾　　③ 回忆　　④ 回顾
(3) ① 给予　　② 给予　　③ 给　　④ 给

4
① c　　② b　　③ a　　④ b

5
① d　　② b　　③ c　　④ e　　⑤ f　　⑥ g　　⑦ a

6
① 이 사건으로 윌리엄스의 신뢰도는 의심을 받았고, 뿐만 아니라 NBC 뉴스 채널의 보도 윤리와 검열에 대한 비난이 일었다.

② 이 '거짓말 논란'이 가져다준 가장 중요한 시사점은 높은 지위에 있는 사람은 이미 최고의 지위와 영예를 가졌더라도 조작을 통해 자신의 명성을 높여 사람들이 자신을 더욱 흠모하고 숭배하도록 만들 가능성이 있다는 것이다.

⑧ 外媒热议: 中国开放 "二胎" 政策

1
① 연구하다　　　② 미국 매체　　　③ 역사학자　　　④ 감소하다
⑤ 정계, 정치계　　⑥ 가격이 상승하다　⑦ 수출률　　　　⑧ 공양하다, 부양하다

2
① 杀虫剂　灭火剂　　　② 火灭器　武器　　　③ 衣物　财物
④ 广告牌　门牌　　　　⑤ 助手　歌手　　　⑥ 体坛　影坛
⑦ 圆形　外形　　　　　⑧ 电视机　运输机

3
(1) ① 损害　害　损害　　　② 损害　害　损害
(2) ① 解读　读　读　　　　② 读　解读　读　读
(3) ① 规避　避　避　　　　② 规避　避　规避
(4) ① 竞争　　　② 争　　　③ 竞争　　　④ 争

4
① a　　②c　　③c　　④a　　⑤a　　⑥a

5
①i　　②a　　③c　　④g　　⑤d　　⑥e　　⑦h　　⑧b　　⑨f

6
① 중국의 산아제한 정책을 줄곧 지켜봐 온 영국의 인구 고령화 학회의 학자 빌 포터는 최근 40년간의 산아제한 정책이 중국 인구 전략의 역사에 있어서 성공적인 조치였다고 생각한다.

② 베이징, 상하이 등과 같은 도시의 수천만에 달하는 노령층이 점점 더 국가의 양로 연금에 의존하여 생활하고 있는데, 이것은 정부의 공공 지출을 한층 더 축소시키고, 사회 복지의 질을 떨어뜨리고 있다.

포커스 중국어
FOCUS
독해 ②
WORKBOOK